ORAÇÃO *pelos filhos* PRÓDIGOS

90 DIAS DE INTERCESSÃO

ORAÇÃO *pelos filhos* PRÓDIGOS

90 DIAS DE INTERCESSÃO

JAMES BANKS

Prayers for Prodigals
Copyright © 2011 by James Banks
Published by special arrangement with Discovery House Publishers,
3000 Kraft Avenue SE, Grand Rapids, Michigan 49512 USA.
All rights reserved.

Copyright em português © Publicações Pão Diário

Coordenação editorial: Dayse Fontoura
Tradução: Cláudio Chagas
Edição: Dayse Fontoura, Thaís Soler, Lozane Winter, Rita Rosário
Projeto gráfico: Audrey Novac Ribeiro
Capa: Audrey Novac Ribeiro
Diagramação: Lucila Lis

Dados Internacionais de Catalogação na Publicação (CIP)

Banks, James
Oração pelos filhos pródigos — 90 dias de intercessão. Tradução: Cláudio Chagas — Curitiba/PR, Publicações Pão Diário.
Título original: *Prayer for Prodigals — 90 days of prayer for your child*
1. Família   2. Religião prática   3. Vida cristã   4. Meditação e devoção

Proibida a reprodução total ou parcial, sem prévia autorização, por escrito, da editora.

Todos os direitos reservados e protegidos pela Lei 9.610, de 19/02/1998.
Permissão para reprodução: permissao@paodiario.org

Exceto quando indicado o contrário, os trechos bíblicos mencionados são da edição Revista e Atualizada de João F. de Almeida © 2009 Sociedade Bíblica do Brasil.

Publicações Pão Diário
Caixa Postal 9740, 82620-981
Curitiba/PR, Brasil
Email: publicacoes@paodiario.org
Internet: www.paodiario.org
Telefone: (41) 3257-4028

Código: PP173
ISBN: 978-1-68043-232-9

1.ª edição: 2016 • 3.ª impressão: 2024

Impresso na China

*Não tenho maior alegria do que esta,
a de ouvir que meus filhos andam na verdade.*
3 João 1:4

Aos meus filhos, com fé, esperança e amor.

SUMÁRIO

Agradecimentos   11
Introdução   13

Semana 1: Não chore (LUCAS 7:13)   **15**
Dia 1   Eterna consolação (2 TESSALONICENSES 2:16,17)   18
Dia 2   Quando você se sente um fracasso
como pai ou mãe (JUDAS 24)   20
Dia 3   Davi, Golias e o nome do Senhor (1 SAMUEL 17:45)   22
Dia 4   Lançando a ansiedade (1 PEDRO 5:7)   24
Dia 5   Um lugar para a ira: as mãos de Deus (TIAGO 1:19,20)   26
Dia 6   Nos Teus ombros (SALMO 140:7)   28
Dia 7   À sombra das Tuas asas (SALMO 63:7)   30

Semana 2: O poder das orações de um pai (MARCOS 10:13,14)   **33**
Dia 8   Quando você não pode mudar as
consequências dos atos dele (2 SAMUEL 19:4)   36
Dia 9   O filho dessas lágrimas (JÓ 16:19,20)   38
Dia 10   Tragam-me o menino (MARCOS 9:19)   40
Dia 11   Os planos do Senhor (JEREMIAS 29:11)   42
Dia 12   Restaurado (JÓ 33:26)   44
Dia 13   A diferença que a oração faz (TIAGO 5:16)   46
Dia 14   Se eu morrer antes de ela acordar (Oro ao Senhor
para resgatar a sua alma) (HEBREUS 11:13)   48

Semana 3: Querendo o que Deus quer (MATEUS 20:20)   **51**
Dia 15   Portas abertas (DANIEL 1:9)   54
Dia 16   A saída (1 CORÍNTIOS 10:13)   56
Dia 17   Por olhos abertos (EFÉSIOS 1:18,19)   58
Dia 18   Pai, perdoa (LUCAS 23:33,34)   60
Dia 19   O Deus da segunda chance (JOÃO 21:15)   62
Dia 20   Nova misericórdia! (LAMENTAÇÕES 3:22,23)   64

Dia 21	Tende bom ânimo! (JOÃO 16:33)	66

Semana 4: O Pai que corre (LUCAS 15:20) — **69**

Dia 22	Sem registro dos erros (1 CORÍNTIOS 13:4,5)	72
Dia 23	O perfeito amor lança fora o medo (1 JOÃO 4:18)	74
Dia 24	Milhas extras (MATEUS 5:41)	76
Dia 25	Que a graça seja abundante no lar (2 CORÍNTIOS 9:8)	78
Dia 26	O Senhor prometeu! (GÊNESIS 32:12)	80
Dia 27	Obrigado (SALMO 127:3)	82
Dia 28	Abençoado sem saber (GÊNESIS 28:16)	84

Semana 5: A maca da fé (MARCOS 2:5) — **87**

Dia 29	Arrebatado do fogo (JUDAS 22,23)	90
Dia 30	Um coração mais brando (EZEQUIEL 36:26,27)	92
Dia 31	Todo aquele (JOÃO 3:16)	94
Dia 32	Uma atitude melhor (EFÉSIOS 4:21-24)	96
Dia 33	Amigos e o Amigo (PROVÉRBIOS 18:24)	98
Dia 34	Inocência encontrada (ISAÍAS 1:18)	100
Dia 35	O Senhor passou por isso (LUCAS 19:41,42)	102

Semana 6: Apenas manda com uma palavra (MATEUS 8:5-13) — **105**

Dia 36	Pela quebra das cadeias (SALMO 107:14)	108
Dia 37	Por uma resposta honesta (PROVÉRBIOS 24:26)	110
Dia 38	Fora do caminho espaçoso (MATEUS 7:13,14)	112
Dia 39	Domando a língua (TIAGO 3:7,8)	114
Dia 40	Fuja! (1 CORÍNTIOS 6:18-20)	116
Dia 41	Por libertação do abuso de drogas (LUCAS 21:34)	118
Dia 42	Louvor por pequenas vitórias (ZACARIAS 4:10)	120

Semana 7: Caindo em si (LUCAS 15:17) — **123**

Dia 43	Quando você disse algo de que se arrepende (SALMO 141:3)	126
Dia 44	Manipulado (GÊNESIS 50:20)	128

Dia 45	Canções na noite (SALMO 42:8)	130
Dia 46	Aceitando a rejeição (ISAÍAS 53:3)	132
Dia 47	Quando a distância separa (ISAÍAS 59:1)	134
Dia 48	Louvor nas trevas (ATOS 16:25)	136
Dia 49	Socorro constante (SALMO 46:1)	138

Semana 8: Guardado em nosso coração (LUCAS 2:51) — **141**

Dia 50	Quando ela ainda não voltou a casa (SALMO 102:6,7)	144
Dia 51	Ilumine os seus pés (SALMO 119:105)	146
Dia 52	Que a vergonha a deixe! (ROMANOS 10:11)	148
Dia 53	O que os gafanhotos consumiram (JOEL 2:25)	150
Dia 54	Passos retos (PROVÉRBIOS 3:5,6)	152
Dia 55	Da escolha de Deus (GÊNESIS 24:42)	154
Dia 56	Inexaurível (ISAÍAS 40:30,31)	156

Semana 9: Esperando pela resposta (MATEUS 15:23) — **159**

Dia 57	Um coração com discernimento (DANIEL 12:3)	162
Dia 58	Maravilhosa luz (1 PEDRO 2:9)	164
Dia 59	De volta à chama (ISAÍAS 42:3)	166
Dia 60	Vestido com a armadura (EFÉSIOS 6:11)	168
Dia 61	Quando os anjos cantam (LUCAS 15:10)	170
Dia 62	Pela proteção dos anjos (MATEUS 18:10)	172
Dia 63	Tranquilidade no amor do Senhor (SOFONIAS 3:17)	174

Semana 10: Quem pecou? (JOÃO 9:2) — **177**

Dia 64	Pecados dos pais? (JOÃO 9:1,2)	180
Dia 65	Força para prosseguir (HABACUQUE 3:17,18)	182
Dia 66	Senhor, até quando? (SALMO 6:3)	184
Dia 67	Quando você está "cansado de orar" (ROMANOS 8:34)	186
Dia 68	Quando ele é mais velho (PROVÉRBIOS 22:6)	188
Dia 69	Quando a tristeza e o gemido fogem (ISAÍAS 35:10)	190
Dia 70	Mais do que eu peço ou imagino (EFÉSIOS 3:20,21)	192

Semana 11: O Bom Pastor (LUCAS 15:2-7) — **195**

Dia 71	O Teu sonho para minha filha (JOEL 2:28)	198
Dia 72	Convertendo corações (MALAQUIAS 4:6)	200
Dia 73	O confrontador (ISAÍAS 49:25)	202
Dia 74	Correndo para Jesus (PROVÉRBIOS 18:10)	204
Dia 75	Beleza interior (1 PEDRO 3:3,4)	206
Dia 76	Toda bênção (TIAGO 1:17)	208
Dia 77	De geração em geração (SALMO 119:90)	210

Semana 12: Tudo é possível (MARCOS 9:20-24) — **213**

Dia 78	Um Leão maior (1 PEDRO 5:8)	216
Dia 79	Longa vida sobre a Terra (EFÉSIOS 6:1-3)	218
Dia 80	Sentado no tribunal (SALMO 130:3,4)	220
Dia 81	Deveria, teria, poderia (ISAÍAS 48:18)	222
Dia 82	Tudo que ela sempre quis (ISAÍAS 32:17)	224
Dia 83	Deus em tudo (ROMANOS 8:28)	226
Dia 84	Torrente de delícias (SALMO 36:8)	228

Semana 13: O tempo de Deus (MARCOS 5:36) — **231**

Dia 85	Os que estão conosco (2 REIS 6:16,17)	234
Dia 86	Por força para amar (ROMANOS 8:35)	236
Dia 87	Esconderijo (SALMO 32:7)	238
Dia 88	Sempre presente (MATEUS 28:20)	240
Dia 89	Ele é Teu e eu também sou (LUCAS 1:38)	242
Dia 90	Eu creio (2 CORÍNTIOS 5:7)	244

Conclusão	247
Fontes	251
Índice temático	253

AGRADECIMENTOS

Deus coloca pessoas ao longo do nosso caminho que tornam a tarefa de escrever livros mais fácil e que também ajudam nos desafios de sermos pais de pródigos. Eu precisava das *duas* coisas e sou profundamente grato por elas.

Annette Gysen, Judith Markham, Carol Holquist e Katy Pent, a visão que tiveram para este livro foi uma grande bênção! Miranda Gardner, sua cuidadosa edição e coração pela Palavra de Deus foram uma resposta a oração! Que alegria foi trabalhar com cada uma de vocês!

Sou especialmente grato pelas pessoas da *Peace Church* de Durham, Carolina do Norte, EUA, que oraram: Ken e Barbara Davis, Bob e Marty Griffin, John e Janet Northing, Wendy Watson, Bruce e Jan Gray, Richard e Betsy Hamilton dentre outros. Vocês demonstraram a pessoa do Salvador.

Don Westbrook, Junius Westbrook, Dub Karriker, Dick Bigelow, Mac Bayer, Scott McClintock e Wade Bowick, a fidelidade de vocês na oração está transformando nossa cidade e me concede força e conforto constantes.

Dave Wineman, Frank Carter, David Beaty, Howard e Margaret Shockley, e Dick e Shirilee Little, a sabedoria e compaixão que expressam em tempos desafiadores tem sido um presente de Deus. Bob Mayer, Joel Collier, Garth Roselle, Ed McCallum, John Holecek e Alan Wright, o encorajamento de vocês me ajuda a continuar seguindo em frente! Irmã Damian e Irmã Cam e Kathy, do Avila Center de Durham, vocês abriram o lugar de descanso "Betânia" para eu escrever e orar. Que Deus as abençoe por isso!

Cari, você não é somente a minha linda esposa há vinte e cinco anos, mas é também a mãe mais incrível que já conheci. Este livro não teria acontecido sem você.

Todo louvor pertence ao único e verdadeiro Deus, meu Salvador — Pai, Filho e Espírito Santo — que dá a vida, o fôlego e toda esperança e bênção. *Soli Deo Gloria!*

INTRODUÇÃO

*Os pródigos não são limitados por gênero, raça, idade ou cor.
Eles têm uma coisa em comum:
saíram da presença do Pai e estão perdidos.*

RUTH BELL GRAHAM

Quando você tem um filho pródigo, a oração nem sempre vem facilmente. Você sabe que precisa orar, mas não sabe por onde começar. É por isso que este livro foi escrito. Deus me abençoou com dois pródigos. Eu uso a palavra abençoou porque eles são um presente, como todos os filhos. Os pródigos são um presente especialmente precioso porque nos ensinam muito, inclusive paciência, a profundidade de nossa própria necessidade de perdão, e contínua dependência de Deus em oração. Quando nossos filhos nos põem de joelhos, estamos na melhor posição para Deus nos ajudar.

Algumas das melhores lições de Deus são as mais desafiadoras. Quando chegamos ao fim da nossa própria força, aprendemos a confiar na dele. Por meio da oração, o Senhor nos toma pela mão e nos leva a novos lugares de graça que nunca teríamos visto se os desafios não tivessem chegado.

Oração pelos pródigos o ajudará a orar e o lembrará do poder de Deus para responder as orações feitas em favor do seu filho pródigo. Noventa orações baseadas nas Escrituras, uma para cada dia da semana, cobrirão muitos dos desafios emocionais e práticos enfrentados pelos pais de pródigos. Cada semana começa com uma breve meditação que inclui histórias pessoais ou exemplos de como Deus agiu na vida de pródigos no passado e, mais importante, inspiração para a vida e promessas de Jesus. Algumas das orações são escritas para um filho, outras para uma filha, mas elas serão eficazes para qualquer caso, bastando você mudar os pronomes ao orar.

Espero que você use as orações como um ponto de partida para as suas próprias orações. É por isso que não há um "amém" ao fim da maioria delas. Espero que você acrescente seus próprios pensamentos e continue orando em nome de Jesus pela salvação de seu filho. Após cada oração há um espaço para você escrever suas reflexões sobre as necessidades específicas de seu filho ao levá-los à presença de Deus.

Além de orar sozinho, sugiro também reunir outros para orarem com você. Um casal a mais orando por seu filho forma uma equipe poderosa. Alguns pais escolhem uma determinada hora da noite para orar por seu filho e deixam seu filho saber que eles estão orando naquele momento. Alguns escolhem um dia para jejuar juntos ou pedem a outros para intercederem diariamente com eles por necessidades específicas na vida de seu filho. Orar por um filho ou uma filha em uma reunião de oração, como fez Jim Cymbala (ver Semana 5, "A maca da fé"), pode abrir a porta para que Deus aja na vida de seu filho de uma maneira linda.

Oro para que Deus use este livro para transformar o futuro eterno de seu filho e, por meio das *suas* orações, leve seu filho ou filha a um relacionamento essencial com Jesus. Nada neste mundo ou no próximo é mais importante do que isso.

SEMANA 1

Não chore

*Vendo-a, o Senhor se compadeceu dela
e lhe disse: Não chores!*

LUCAS 7:13

Ruth e Billy Graham conheciam bem as lutas dos pais de um pródigo. Em seu livro *Prodigals and Those Who Love Them* (Pródigos e aqueles que os amam), Ruth fala sobre acordar preocupada no meio da noite:

Era o início da manhã em outro país. Embora exausta, acordei por volta das três horas. O nome de alguém que eu amava muito saltou em minha mente. Foi como um choque elétrico. Instantaneamente, eu estava bem desperta. Sabia que não conseguiria mais dormir durante o resto da noite. Então, fiquei ali deitada e orei por aquele que estava se esforçando para fugir de Deus. Quando está escuro e a imaginação corre solta, há temores que só uma mãe pode compreender.

De repente, o Senhor me disse: "Pare de estudar os problemas e comece a estudar as promessas."

Ora, Deus nunca falou comigo de maneira audível, mas não há como se enganar quando Ele fala. Por isso, acendi a luz, peguei minha Bíblia e os primeiros versículos que li foram Filipenses 4:6,7: "Não andeis ansiosos de coisa alguma; em tudo, porém, sejam conhecidas, diante de Deus, as vossas petições, pela oração e pela súplica, *com ações de graças*. E a paz de Deus, que excede todo o entendimento, guardará o vosso coração e a vossa mente em Cristo Jesus" (ênfase de Graham). De repente, percebi que o ingrediente que faltava em minhas orações era "com ações de graças". Então, coloquei minha Bíblia de lado e passei algum tempo adorando o Senhor por quem Ele é e pelo que Ele é. Isso abrange mais do que qualquer mortal consegue compreender. Até mesmo contemplar o pouco que sabemos dissolve dúvidas, reforça a fé e restaura a alegria.[1]

Às vezes, temos de escolher Jesus propositadamente quando isso pode ser a última coisa que "estamos a fim de" fazer. Paz e confiança vêm quando deixamos de lado nossas distrações e nos concentramos unicamente em Jesus, porque "ele é a nossa paz" (EFÉSIOS 2:14). Quando os nervos estão à flor da pele, as emoções estão tensas e as agendas opressivas, precisamos ir para os nossos quartos, fechar a porta e orar (MATEUS 6:6). Temos de largar tudo e passar um tempo com Deus, lembrando-nos de que Ele é "...glorificado em santidade, terrível em feitos gloriosos, que [opera] maravilhas" (ÊXODO 15:11). Ao fazermos isso, Ele suprirá as nossas necessidades.

O Novo Testamento conta como Jesus estava entrando nos portões de uma cidade chamada Naim quando encontrou um grande cortejo fúnebre pelo único filho de uma viúva. Lucas tem o cuidado de enfatizar que "...vendo-a, o Senhor se compadeceu dela e lhe disse: Não chores!" Então, Jesus estendeu a mão, tocou o esquife e *parou* a procissão. Ele falou ao jovem e o ressuscitou dos mortos. Em seguida, Jesus "...o restituiu à sua mãe" (LUCAS 7:11-15).

A palavra usada por Lucas para descrever o amor de Jesus por essa mãe implica uma profunda compaixão originada no âmago de Seu ser (literalmente, Suas "vísceras"). Quando choramos sobre nossos próprios filhos, podemos ter a certeza de que o nosso Salvador sente compaixão por nós da mesma maneira. Ele anseia por nos confortar e ajudar como somente Ele pode fazer.

ORAÇÃO *pelos filhos* PRÓDIGOS

Mas, para isso acontecer, às vezes precisamos esperar por Jesus. Temos de permitir que Ele nos interrompa no que estamos fazendo. Depois, precisamos colocar em Suas mãos o que estamos enfrentando. A mulher não tinha ideia do que Jesus estava prestes a fazer. O que Ele fez desafiou a lógica e mudou *tudo*.

O cortejo fúnebre se tornou uma festa. Lucas registra: "Todos ficaram possuídos de temor e glorificavam a Deus" (7:16). O choro se transformou em adoração; o desespero, em alegria. Tudo por causa de Jesus. Ele lhes trouxera uma felicidade inesperada.

Antes de Jesus parar o cortejo naquele dia, eles não tinham ideia de quem Ele era. Mas *nós* temos. Nós já o conhecemos como "o Cristo, o Filho do Deus vivo", sempre digno de adoração (MATEUS 16:16). Ele é "a ressurreição e a vida" (JOÃO 11:25), que dará vida aos nossos filhos.

Sabendo disso, podemos parar de trilhar o nosso próprio caminho e passar a esperar por Ele.

Ele está vindo em nossa direção.

E tem algo a dizer a nossos filhos e filhas.

Vinde, aflitos pecadores,
cheios de tristeza e dor,
a Jesus que vos convida
com instante e terno amor.
JOSEPH HART, VINDE, AFLITOS PECADORES

---

1. Graham, Ruth *Prodigals and Those Who Love Them* (Pródigos e aqueles que os amam), 50,51.

DIA 1

Eterna consolação

Ora, nosso Senhor Jesus Cristo mesmo e Deus, o nosso Pai, que nos amou e nos deu eterna consolação e boa esperança, pela graça, consolem o vosso coração e vos confirmem em toda boa obra e boa palavra. 2 TESSALONICENSES 2:16,17

"Eterna consolação."
Eu *amo* essas palavras, Pai.
"Eterna consolação *e* boa esperança."
Eu realmente preciso das duas agora mesmo.
Não somente para mim, mas para meu filho.
Ele está longe do Senhor e precisa voltar para casa, e ele precisa de mim para orar.
Ele precisa de mim para orar agora mais do que nunca e só tu podes me ajudar a fazer isso.
Ajuda-me a orar, Senhor Jesus. Peço-te que me ensines a orar, como ensinaste aos discípulos (LUCAS 11:1).
Ajuda-me a orar todos os dias, ao longo do dia.
Enche-me com o Teu Espírito e deixa Teu amor fluir sobre a vida de meu filho por meu intermédio.
Assim como a viúva que insistiu à porta do juiz até que seu pedido fosse atendido (LUCAS 18:3), ajuda-me a perseverar em oração "dia e noite" (LUCAS 18:7) para que eu possa ver progresso real no coração de meu filho.
Jesus, tu disseste que "...tudo é possível ao que crê" (MARCOS 9:23).
"...Eu creio; ajuda-me na minha falta de fé!" (MARCOS 9:24).
Salva meu filho, Senhor! Eu te agradeço antecipadamente pelo que farás para resgatá-lo do "império das trevas" e trazê-lo para o Teu "reino de luz" e de amor (COLOSSENSES 1:12,13).

Creio que tu o farás porque "andamos por fé e não pelo que vemos" (2 CORÍNTIOS 5:7).

Creio que tu farás isso porque assim prometeste. Tua Palavra diz que "a misericórdia do SENHOR é de eternidade a eternidade, sobre os que o temem, e a sua justiça, sobre os filhos dos filhos" (SALMO 103:17).

Obrigado pelo encorajamento eterno que só tu podes dar.

Sinto-me encorajado! Tu és Deus e responderá à oração!

Teu "amor jamais acaba" (1 CORÍNTIOS 13:8)!

Trouxeste meu próprio coração pródigo à Tua casa; agradeço-te porque farás o mesmo por meu filho.

"Eu te amo, ó SENHOR, força minha..." (SALMO 18:1) e louvo o dia em que meu filho te adorará também!

DIA 2

Quando você se sente um fracasso como pai ou mãe

Ora, àquele que é poderoso para vos guardar de tropeços e para vos apresentar com exultação, imaculados diante da sua glória...

JUDAS 24

Não sei quantas vezes me senti como se houvesse algo mais que eu poderia ter feito como pai, meu Pai.

Se eu tivesse tido mais de Teu amor, força e sabedoria, talvez minha filha tivesse feito escolhas que a teriam mantido junto a ti.

Eu teria mudado algumas coisas se, naquele tempo, soubesse o que sei agora.

Perdoa-me, Pai, onde eu "pequei" e "careci" do Teu melhor (ROMANOS 3:23).

Por não poderes mudar o que já aconteceu, oro para que abras meu coração as coisas novas que estás fazendo, para que eu não viva no passado (ISAÍAS 43:18).

Em vez disso, ajuda-me a prosseguir "...para o alvo, para o prêmio da soberana vocação de Deus em Cristo Jesus" (FILIPENSES 3:14).

Tu me disseste: "A minha graça te basta, porque o poder se aperfeiçoa na fraqueza" (2 CORÍNTIOS 12:9).

Obrigado por me lembrares de que eu tenho de depender de ti, Pai, e que tu és capaz de me apresentar em Tua presença sem mácula e com grande alegria.

Ajuda-me a ser prudente sobre como vivo, não como néscio, mas sim como sábio.

Ajuda-me a aproveitar ao máximo cada oportunidade para direcionar minha filha a ti com constância e sinceridade (EFÉSIOS 5:15,16).

Porque tu dás "graça aos humildes" (PROVÉRBIOS 3:34), ajuda-me a dar um exemplo em tudo que faço, assim como tu fizeste por mim (JOÃO 13:15).

Ajuda-me a manter os meus olhos fixos em ti (SALMO 141:8), para que eu não confie em mim mesmo ou em minha própria força, mas seja forte no Senhor, no Teu grande poder (EFÉSIOS 6:10).

Quando não enxergo minhas faltas, Pai, absolve-me "...das que me são ocultas" (SALMO 19:12).

Que nada em mim seja uma pedra de tropeço (ROMANOS 14:13).

Ajuda-me a deixar minha luz brilhar diante de minha filha, Senhor, para que ela possa ver o bem que faço e louve ao Senhor por isso (MATEUS 5:16).

Conduz meu coração ao "...amor de Deus e à constância de Cristo" (2 TESSALONICENSES 3:5).

Espírito Santo, enche-me (EFÉSIOS 5:18) para que rios de água viva fluam do meu interior (JOÃO 7:38), "...a jorrar para a vida eterna" (JOÃO 4:14).

Não apenas por mim, mas pela filha que amo.

DIA 3

Davi, Golias e o nome do Senhor

Davi, porém, disse ao filisteu: Tu vens contra mim com espada, e com lança, e com escudo; eu, porém, vou contra ti em nome do Senhor dos Exércitos, o Deus dos exércitos de Israel, a quem tens afrontado.

1 SAMUEL 17:45

Às vezes, encontrar a rebelião na vida do meu filho é semelhante a estar enfrentando um gigante, Senhor.
É tanta oposição, que é difícil saber por onde começar.
Então, em vez de medir o gigante, prefiro manter meus olhos no Senhor.
Tu és o comandante dos "exércitos que há no céu" (APOCALIPSE 19:14).
Nada pode se opor a ti!
Como Davi, ao enfrentar Golias, é "em nome do Senhor dos Exércitos" que eu me posiciono.
Somente o Teu poder pode vencer essa batalha, porque "a nossa luta não é contra o sangue e a carne, e sim contra os principados e potestades, contra os dominadores deste mundo tenebroso, contra as forças espirituais do mal, nas regiões celestes" (EFÉSIOS 6:12).
A luta não é contra o meu filho, mas contra as forças espirituais que o influenciam para se afastar do Senhor.
Eu vou contra o "gigante da rebelião" na vida de meu filho em nome do "Senhor, forte e poderoso, o Senhor poderoso nas batalhas" (SALMO 24:8).
Porque tu és quem fere (EZEQUIEL 7:9), eu oro para que uses todos os meios para fazer o gigante cair.
Não se trata da minha vontade na vida dele. Trata-se da Tua.

ORAÇÃO *pelos filhos* PRÓDIGOS

Peço que tu, "o Santo" incomparável (ISAÍAS 40:25), te coloques entre meu filho e tudo o que pode lhe causar mal.

Oro para que ele, pela Tua misericórdia jamais vacile, mas seja atraído para mais perto de ti (SALMO 21:7).

Então, ele conhecerá o Senhor como "SENHOR, Justiça Nossa" (JEREMIAS 33:16).

Porque tu és "o SENHOR que [...] sara" (ÊXODO 15:26), oro para que restaures o relacionamento dele com o Senhor em todos os sentidos, para que ele possa ser eternamente abençoado.

Obrigado porque "o homem não prevalece pela força" (1 SAMUEL 2:9), mas somente por meio de Tua graça e por Teu tremendo poder em responder à oração!

Eu te louvo, Pai, porque o gigante da rebelião é muito pequeno em comparação a ti.

É no nome invencível do Pai, do Filho e do Espírito Santo que elevo esta oração com amor pelo Senhor.

DIA 4

Lançando a ansiedade

[Lançando] sobre ele toda a vossa ansiedade, porque ele tem cuidado de vós.

1 PEDRO 5:7

Como tu o fazes?
És capaz de tomar todas as ansiedades do mundo sobre os Teus ombros, incluindo a minha ansiedade por minha filha.
Tu és capaz de carregá-las continuamente!
Não só tu as carrega, mas também és capaz de fazer algo a respeito delas.
Como tu és incrível! Obrigado por cuidares de mim e de minha filha. "[O] poder pertence a Deus, e a ti, Senhor, pertence a graça..." (SALMO 62:11,12).
Venho em Tua presença hoje para lançar sobre ti todas as minhas ansiedades.
Mais do que qualquer outra coisa, peço que minha filha "venha a conhecer" o Senhor Jesus (EFÉSIOS 4:20).
Anseio que ela tenha um relacionamento vivo contigo. Quão abençoada ela seria se andasse com o Senhor!
Lanço essa ansiedade e peço que Teu Espírito a atraia a ti.
Oro para que ela se arrependa, volte ao Senhor e experimente o arrependimento pelo que ela faz (ATOS 26:20).
Também me preocupo com a segurança dela, Senhor. As escolhas que ela fez e os amigos que escolheu a têm, frequentemente, levado pelo caminho do mal.
Sei apenas parte disso. Mas tu sabes de tudo.
Somente tu podes mantê-la segura, Senhor, embora eu também tente.

ORAÇÃO *pelos filhos* PRÓDIGOS

"Muitíssimo grande é o seu arraial" e "...é poderoso quem executa as suas ordens" (JOEL 2:11).
Por favor, envia os Teus anjos para cuidar dela.
Que Tua força e poder a protejam, Senhor (JEREMIAS 16:21).
Lanço sobre ti essa ansiedade e coloco a minha filha em Teus braços novamente. Não há melhor lugar para ela estar.
Também entrego o futuro dela a ti, Pai.
Oro para que ela busque o Teu reino com seu coração, mente e força, e te sirva naquilo que o Senhor quiser.
Oro para que tu habites nela, e ela no Senhor (JOÃO 17:23), para que tenha a alegria de conhecer-te "face a face" (1 CORÍNTIOS 13:12)!
Até esse dia, oro para que o Teu poder divino dê a ela tudo o que é necessário "à vida e à piedade" (2 PEDRO 1:3).
Tu nos deste tão "preciosas e mui grandes promessas" (2 PEDRO 1:4)!
Louvo-te porque o peso das minhas ansiedades, independentemente de quão grande possa parecer para mim, é leve e fácil para carregares.
"Bendito seja o Senhor que, dia a dia, leva o nosso fardo" (SALMO 68:19).
Lanço todas as minhas ansiedades no Senhor!

DIA 5

Um lugar para a ira: as mãos de Deus

Sabeis estas coisas, meus amados irmãos. Todo homem, pois, seja pronto para ouvir, tardio para falar, tardio para se irar. Porque a ira do homem não produz a justiça de Deus.
TIAGO 1:19,20

Pai, um dos maiores desafios que enfrento com o meu filho é o que fazer quando estou com raiva.

Quero ter o cuidado de não o disciplinar enquanto estou injustamente irado, porque isso o fará ressentir-se do que fiz, rebelar-se e tudo mais.

A Tua Palavra me diz: "Não irriteis os vossos filhos, para que não fiquem desanimados" (COLOSSENSES 3:21).

Hoje eu peço que tu me ajudes a ser "...tardio para falar, tardio para [me] irar" (TIAGO 1:19).

Dá-me graça para "[seguir] o amor..." (1 CORÍNTIOS 14:1).

Sendo esse meu objetivo, praticarei o "contar até dez" e colocarei minha raiva em Tuas mãos.

Um. Eu reconheço que "a ira do homem não produz a justiça" que tu desejas, especialmente quando se trata da vida do meu filho. Mostra-me o Teu jeito de tratar as coisas, Senhor.

Dois. Faz-me seguir a Tua sabedoria e não pecar (SALMO 4:4) quando eu não puder evitar sentir raiva.

Três. Ajuda-me a consultar o meu coração e sossegar (SALMO 4:4), esperando que Teu Espírito me conduza, porque a mente controlada pelo Espírito é vida e paz (ROMANOS 8:6).

Quatro. Faz-me "pronto para ouvir" (TIAGO 1:19). Ajuda-me a responder e não reagir, para que eu não tire conclusões apressadas ou tome decisões precipitadas das quais me arrependerei mais tarde.

Cinco. Ajuda-me a me manter calmo em todas as situações (2 TIMÓTEO 4:5), para que eu possa ter sabedoria para orientar o meu filho no caminho em que ele deve andar.

Seis. Quando chegar a hora de disciplinar meu filho, enche-me com uma medida extra de amor por ele, porque "o que o ama, cedo, o disciplina" (PROVÉRBIOS 13:24).

Sete. Dá-me a graça de ser cuidadoso com as minhas palavras, para que, mesmo quando estiver com raiva, eu diga "unicamente a [palavra] que for boa para edificação, conforme a necessidade, e, assim, transmita graça aos que ouvem" (EFÉSIOS 4:29).

Oito. Quando eu disciplinar meu filho, ajuda-me a ter "espírito de brandura" (GÁLATAS 6:1) e lembrá-lo de quanto nós dois o amamos.

Nove. Ajuda-me a não deixar o sol se pôr sobre a minha ira enquanto estiver com raiva (EFÉSIOS 4:26), para que eu não abrigue em meu coração qualquer ressentimento por algo que ele tenha feito.

Dez. Por favor, dá-me graça para orar "sem cessar" (1 TESSALONICENSES 5:17), para que eu possa colocar meu filho e a mim mesmo em Tuas mãos a cada momento.

Então, juntos, passaremos de um momento de raiva para um período de Tua bênção e alegria.

DIA 6

Nos Teus ombros

Ó Senhor, força da minha salvação...
SALMO 140:7

Lembro-me de quando ele era pequeno e gostava de me fazer carregá-lo em meus ombros.

Ele se sentia maior ali — mais alto, mais forte, capaz de enfrentar qualquer coisa.

Ele se sentia seguro e protegido.

Não posso mais carregá-lo, Senhor. Não daquela maneira.

Mas sou lembrado de Tua Palavra: "O amado do Senhor [...] descansará nos seus braços" (DEUTERONÔMIO 33:12).

Pai, eu peço que tu o levantes e o carregues.

Tu és o nosso forte libertador (SALMO 140:7)!

Louvo-te, Deus, porque não enfrentamos qualquer situação maior do que o Senhor.

Lembro-me do que Moisés disse a Israel: "...vistes que o Senhor, vosso Deus, nele vos levou, como um homem leva a seu filho..." (DEUTERONÔMIO 1:31).

Pai, meu filho precisa de que o carregues agora.

Eu oro para que ele reconheça as próprias limitações e entenda a sua necessidade de ti.

Ajuda-o a humilhar-se em Tua presença, para que o tu o exaltes (TIAGO 4:10).

Dá-lhe graça para entender como o Teu "...poder se aperfeiçoa na fraqueza" (2 CORÍNTIOS 12:9).

Permite que ele te ouça dizer: "Até à vossa velhice, eu serei o mesmo e, ainda até às cãs, eu vos carregarei" (ISAÍAS 46:4).

Tu me carregaste, Pai, repetidas vezes.

Louvo-te por todas as vezes que me deste esperança, exatamente aquilo de que eu necessitava, no momento exato.

Porque "o poder pertence a Deus, e a ti, Senhor, pertence a graça" (SALMO 62:11,12), eu te agradeço, porque o Senhor se moverá na vida de meu filho em resposta a esta oração.

Oro para que meu filho anseie por passar tempo com o Senhor e conheça o conforto que tu trazes àqueles que te amam.

Anseio pelo dia em que ele dirá: "Somente em Deus, ó minha alma, espera silenciosa; dele vem a minha salvação" (SALMO 62:1).

Assim como o Senhor disse ao Teu povo no deserto: "...vos levei sobre asas de águia e vos cheguei a mim" (ÊXODO 19:4), tire-o do deserto em que ele está e deixe-o "...[contemplar] a tua face" (SALMO 17:15)!

Anseio pelo dia em que exaltarás a cabeça dele (SALMO 3:3).

E, nesse dia maravilhoso, ele verá todo o caminho daqui até a eternidade!

DIA 7

À sombra das Tuas asas

Porque tu me tens sido auxílio;
à sombra das tuas asas, eu canto jubiloso.

SALMO 63:7

Como é bom apenas ter um momento com o Senhor, Pai!
Obrigado por Tua fidelidade a mim e a minha filha.
Assim como Jacó, "sou indigno de todas as misericórdias e de toda a fidelidade que tens usado", Pai (GÊNESIS 32:10).
Tu estás sempre presente e é aquele que cuida de nós (SALMO 121:5).
Tens sido tão bondoso para conosco! Como poderia não te louvar?
"Dar-te-ei graças, Senhor, Deus meu, de todo o coração" (SALMO 86:12).
"Bendigo o SENHOR, que me aconselha" (SALMO 16:7).
"Cumpre-me bendizer-te enquanto eu viver" (SALMO 63:4).
"...te louvarei mais e mais" (SALMO 71:14).
Obrigado por poder até mesmo me dar a graça para louvar-te em situações difíceis.
Quando os desafios vêm, eu me "...[acolho] à sombra das tuas asas" (SALMO 36:7).
Quando tu concedes e quando tomas, "bendito seja o nome do SENHOR" (JÓ 1:21).
"Por que hei de eu temer nos dias da tribulação"? (SALMO 49:5).
Tu és "o Deus fiel" (DEUTERONÔMIO 7:9).
Ajuda-me a oferecer-te um "sacrifício de louvor" (HEBREUS 13:15).
Não há lugar melhor do que a "sombra das tuas asas" e não há amor melhor do que as Tuas "fiéis misericórdias" (ISAÍAS 55:3).

Por mais difícil que o dia seja, louvo-te porque que essa
dificuldade é temporária, porque "Tu me guias com o teu
conselho e depois me recebes na glória" (SALMO 73:24).
Eu oro pela graça de louvar-te todos os dias, porque o Senhor
sempre merece.
Ajuda-me a dizer como Davi: "Bendirei o SENHOR em todo
o tempo, o seu louvor estará sempre nos meus lábios"
(SALMO 34:1).
Tu concedes "continuamente a paz em todas as circunstâncias"
(2 TESSALONICENSES 3:16).
Tu és "a minha força" (ÊXODO 15:2), "a minha grande alegria"
(SALMO 43:4), "Senhor meu e Deus meu" (JOÃO 20:28).
"SENHOR, força da minha salvação" (SALMO 140:7), devido à Tua
misericórdia se estender "de geração em geração" (LUCAS 1:50),
peço que, algum dia, minha filha conheça o Teu amor e
também se refugie em ti.
Então, "Dar-te-ei graças para sempre, porque assim o fizeste..."
(SALMO 52:9).
Melhor ainda, juntos "para sempre louvaremos o teu nome"
(SALMO 44:8)!

Notas:

SEMANA 2

O poder das orações de um pai

Então, lhe trouxeram algumas crianças para que as tocasse, mas os discípulos os repreendiam. Jesus, porém, vendo isto, indignou-se e disse-lhes: Deixai vir a mim os pequeninos, não os embaraceis, porque dos tais é o reino de Deus.

MARCOS 10:13,14

Quando você tem um filho pródigo, às vezes, recebe conselhos não solicitados. Quando nossa filha fugiu aos 15 anos de idade, um profissional bem-intencionado nos aconselhou a "deixá-la quebrar a cara".

"Afinal", continuou ele, "as crianças têm de aprender com seus próprios erros."

Parte desse conselho é saudável. Há lições que nossos filhos têm de aprender por si mesmos, que não podemos ensinar-lhes, por mais que tentemos. Mas, no dia em que encontramos nossa filha e a levamos para casa (contra a sua vontade), ela tinha sido ajudada por outra adolescente fugitiva cujo namorado era um adulto recém-saído da prisão. Eles a incentivavam a sair do estado com eles. Deixá-la "quebrar a cara" teria sido uma coisa perigosa a se fazer.

Pode ser difícil, para outros pais, entender *exatamente* o que você está enfrentando com um filho (ou filha) pródigo, especialmente se eles não tiveram a mesma experiência com seus próprios filhos. Mas Deus compreende. Ele sabe o que é ter um mundo cheio de filhos pródigos. E Ele espera que lhe levemos os *nossos* por meio de oração dedicada e fervorosa.

Combinada com o amor de uma mãe ou de um pai cristão, uma oração é poderosa. Quando colocada nas mãos de Jesus, ela é invencível. Obstáculos podem surgir quando você menos espera, mas a perseverança na oração levará à libertação. Nosso Deus é aquele que "abre o caminho" (MIQUEIAS 2:13). Jesus "*indignou-se*" com os discípulos quando eles criaram um obstáculo ao repreenderem os pais por levarem os filhos a Ele para receber Sua bênção. "...Deixai vir a mim os pequeninos...", disse o Senhor (MARCOS 10:13,14). A palavra *indignou-se* não é usada em qualquer outro lugar do Novo Testamento para descrever como Jesus se sentiu em relação a algo, e diferencia Sua paixão pelos nossos filhos e o quanto Ele quer abençoá-los.

Temos de fazer o que for preciso para levar nossos filhos pródigos a Jesus em oração, porque Ele quer abençoar a nós e aos nossos filhos por meio das nossas súplicas. A perspectiva do mundo é que um filho "abençoado" é aquele que cresce e é feliz, bem ajustado e bem-sucedido em uma carreira. Mas até mesmo os filhos "bem-sucedidos" podem ser pródigos, e seus pais cristãos têm de ter cuidado para não se iludirem com uma falsa sensação de segurança. Deus nos deu nossos filhos para propósitos eternos, e não há maior bênção e herança que podemos transmitir-lhes do que nossas orações por sua salvação.

Mais importante, somos abençoados por termos um Salvador que anseia por nossos filhos irem a Ele! Deixe os outros dizerem o que quiserem. Nós temos as Suas promessas; isso é tudo o que importa. Você se lembra do que os fariseus e mestres da lei murmuraram acerca de *Jesus*? "Este recebe pecadores e come com eles" (LUCAS 15:2).

Há um lugar no coração do Senhor para os pródigos. Especialmente os nossos pródigos, quando os levamos à Sua presença em oração.

ORAÇÃO *pelos filhos* PRÓDIGOS

As orações de minha mãe! Ó, as orações de minha doce e abençoada mãe. Algum menino já teve uma mãe como eu tive? Durante 25 anos eu não a ouvi orar, até nesta noite eu ter ouvido todas as suas orações novamente.

TESTEMUNHO DE UM HOMEM QUE SE ENTREGOU A CRISTO DURANTE O AVIVAMENTO DA REUNIÃO DE ORAÇÃO 1857–59, ANOS APÓS A MORTE DE SUA MÃE.

DIA 8

Quando você não pode mudar as consequências dos atos dele

Tendo o rei coberto o rosto, exclamava em alta voz: Meu filho Absalão, Absalão, meu filho, meu filho!
2 SAMUEL 19:4

Lembro-me de quando meu filho era pequeno, Pai, e seus problemas eram muito mais fáceis de corrigir.
Um joelho esfolado, um brinquedo perdido, um pneu furado em sua bicicleta — com aquilo eu conseguia, mais ou menos, lidar.
Agora, isso mudou.
Ele enfrenta problemas que eu gostaria de dissipar, mas não está mais em minhas mãos fazê-lo.
Agora ele tem de enfrentar as consequências de seus atos e não é fácil, para ele ou para mim.
Não consigo imaginar como Davi se sentiu ao enfrentar a rebelião de seu filho, mas guardo as palavras deste rei: "Tratai com brandura o jovem [...] por amor de mim" (2 SAMUEL 18:5).
Peço para o meu filho o que Davi pediu para o dele, Pai:
Por favor, "trata com brandura o jovem".
Agradeço-te por eu não pedir isso a meros homens, como fez Davi.
Peço-o Àquele cujas "ternas misericórdias permeiam todas as suas obras" (SALMO 145:9).
Tu és "rico em misericórdia" (EFÉSIOS 2:4) e sou grato pela Tua misericórdia por meu filho, Senhor.
Eu entendo que, se ele não enfrentar as consequências de seus atos, não poderá aprender com eles.

ORAÇÃO *pelos filhos* PRÓDIGOS

Mas eu preferiria que ele caísse nas Tuas mãos, porque são "muitas as [Tuas] misericórdias", do que "nas mãos dos homens" (2 SAMUEL 24:14).

É por isso que eu coloco as circunstâncias dele em Tuas mãos e peço que tu o abençoes como só o Senhor pode.

Tu me disseste: "Assim como os céus são mais altos do que a terra, assim são os meus caminhos mais altos do que os vossos caminhos, e os meus pensamentos, mais altos do que os vossos pensamentos" (ISAÍAS 55:9).

Tu vês o melhor caminho em meio aos problemas dele, Pai!

Oro para que, a partir deles, tu tragas o bem que não poderia ter surgido de outra maneira.

Amo-te e te louvo porque em "todas as coisas" tu estás agindo "para o bem daqueles que amam a Deus" (ROMANOS 8:28).

Eu oro para que meu filho também te ame!

Usa *tudo isso* para voltar o coração dele para ti, pois isso é o que mais importa.

Oro para que ele vá a ti para ter "...vida [...] em abundância" (JOÃO 10:10).

Se ele tiver isso, terá tudo que jamais precisará.

DIA 9

O filho dessas lágrimas

A minha testemunha está no céu, e, nas alturas, quem advoga a minha causa. Os meus amigos zombam de mim, mas os meus olhos se desfazem em lágrimas diante de Deus.
JÓ 16:19,20

"Não é possível que o filho dessas lágrimas deva perecer."[1]
Essas palavras, ditas a uma mãe séculos atrás quando ela orou por seu filho, incentivam também a mim, Senhor.
Não somente tu salvaste o filho dela, Agostinho,[2] mas o usaste para levar muitos outros à Tua presença!
Senhor Jesus, te agradeço por eu não ser o único a orar por meu filho.
Louvo-te, porque tu "intercedes por nós" no céu (ROMANOS 8:34)!
Sou muito abençoado porque o "...meu intercessor é meu amigo" (JÓ 16:20 NVI).
Até mesmo as minhas lágrimas importam para ti. Tu manténs o controle de cada uma — "não estão elas inscritas no teu livro?" (SALMO 56:8).
Obrigado, Pai, por haver esperança para "o filho dessas lágrimas".
Em Tua Palavra, tu prometes que "os que com lágrimas semeiam com júbilo ceifarão" (SALMO 126:5).
Obrigado por eu poder colher na vida de meu filho ao orar por ele!
Senhor Jesus, assim como tu ofereceste "...com forte clamor e lágrimas, orações e súplicas" e foi ouvido devido à Sua "piedade" (HEBREUS 5:7), ajuda-me a orar com fervor e compromisso, e a "[orar] sem cessar" (1 TESSALONICENSES 5:17).

Acredito que um dos motivos pelos quais tu me deste meu filho é que eu possa orar para que ele tenha a alegria de conhecer-te para sempre.

Orar por ele é um dos maiores propósitos de minha vida e eu não quero perder isso. Acima de tudo, eu não quero que ele se perca de ti!

Ajuda-o a entender que o Senhor é "misericordioso e compassivo", e que não lhe desviarás Tua face, se ele retornar a ti (2 CRÔNICAS 30:9).

Oro para que ele conheça as riquezas da Tua "bondade, e tolerância, e longanimidade" (ROMANOS 2:4) e seja preenchido "com a tua benignidade" (SALMO 90:14).

A Tua "misericórdia dura para sempre" (1 CRÔNICAS 16:34). Não teremos tempo suficiente, mesmo com a vida eterna, para te dar todo o amor que mereces.

Louvo-te pelo dia em que "enxugarás [...] as lágrimas de todos os rostos" (ISAÍAS 25:8), até mesmo do rosto do "filho dessas lágrimas"!

Então, "não [choraremos] mais", porque tu serás a nossa alegria (ISAÍAS 30:19), e o adoraremos, "Rei das nações" (APOCALIPSE 15:3), durante todos os tempos vindouros!

---

1. Agostinho, *Confissões*, 3.12, Petrópolis: Editora Vozes, 2002.

2. Deus usaria a fé de Agostinho para inspirar gerações a crerem em Jesus. Ele se tornou o mais influente teólogo dos primeiros séculos da Igreja; sua influência ainda é sentida na atualidade. Para mais informações acerca do início da vida de Agostinho, ver Semana 13, "O tempo de Deus".

DIA 10

Tragam-me o menino

> Então, Jesus lhes disse: Ó geração incrédula,
> até quando estarei convosco?
> Até quando vos sofrerei? Trazei-mo.
> MARCOS 9:19

Aqui está ele, Senhor.
Este é o meu filho e ele precisa desesperadamente de ti.
Eu levo a ti, tudo que ele é e tudo que está acontecendo em sua vida.
Está além do meu alcance consertar ou endireitar a vida dele.
Eu te peço que o toques e ajudes!
Séculos atrás, quando tu disseste aos discípulos que te trouxessem o menino, iniciaste a maior bênção na vida daquela criança.
As trevas tiveram de fugir. Elas não poderiam estar na Tua presença. Então, trago meu filho à "luz da tua presença" novamente hoje (SALMO 89:15).
Sou lembrado do que o Senhor disse aos Teus discípulos.
A criança só poderia ser liberta "por meio de oração" (MARCOS 9:29).
Os discípulos haviam tentado tudo em que poderiam pensar, mas, por mais que tentassem em sua própria força, "eles não puderam" fazer qualquer diferença (MARCOS 9:18).
Tu os repreendeste pela falta de fé. Então, disseste: "Tudo é possível ao que crê" (MARCOS 9:23).
Estou começando a entender o quanto eu preciso trazer meu filho a ti crendo e em fiel oração.
Ele precisa da diferença que só tu podes fazer por ele.
Quão maravilhado o pai deve ter se sentido ao sair com seu filho feliz, saudável e firme.

Ele o levou à Tua presença, e tu libertaste o garoto!

Senhor Jesus, anseio por esse dia também na vida de meu filho, o dia em que ele se encontrará contigo e será transformado por Teu amor, salvo "do império das trevas" e transportado "para o reino do Filho" (COLOSSENSES 1:13).

Que grande dia será esse!

Haverá "júbilo no céu" (LUCAS 15:7) e, se eu ainda estiver aqui, igualmente na Terra!

Por fé eu o vejo chegando, e oro para que esse dia chegue logo.

Eu creio que tu salvarás o meu filho e que nada o impedirá!

Anseio por aquele momento em que "o dia clareie e a estrela da alva nasça" em seu coração (2 PEDRO 1:19).

Por favor, Senhor, esse dia poderia ser hoje?

DIA 11

Os planos do Senhor

Eu é que sei que pensamentos tenho a vosso respeito, diz o SENHOR; *pensamentos de paz e não de mal, para vos dar o fim que desejais.*
JEREMIAS 29:11

Quero os Teus planos para a minha filha, Senhor, não os meus.
Meus planos ainda contêm muito do mundo: aquela escola, aquele plano de carreira, aquele sucesso...
Perdoa-me, Pai, porque inúmeras vezes eu tive em mente não as "...coisas de Deus, e sim [as] dos homens" (MARCOS 8:33).
Eu peço que tu ergas meus olhos para uma visão mais duradoura, Pai.
Teus planos para a minha filha me tirariam o fôlego!
"Que preciosos para mim, ó Deus, são os teus pensamentos!..." (SALMO 139:17).
Teus pensamentos são "...coisas maravilhosas demais para mim..." (JÓ 42:3).
Teu plano para a minha filha é perfeito e excede magnificamente os limites da minha visão.
"Faça-se a tua vontade" na vida dela, Pai (MATEUS 6:10)!
Hoje eu peço coisas eternas para a minha filha.
Peço que ela seja alguém "que te agrada" (1 SAMUEL 13:14), que faça de ti "a sua confiança e não [penda] para os arrogantes" (SALMO 40:4) ou para os caminhos deste mundo.
Eu oro para que ela viva "de modo digno do Senhor, para o seu inteiro agrado, frutificando em toda boa obra e crescendo no conhecimento de" tudo que tu és, "sendo [fortalecida] com todo o poder, segundo a força da Sua glória" (COLOSSENSES 1:10,11).

Assim como "...no teu livro foram escritos todos os [dias dela] quando nem um deles havia ainda" (SALMO 139:16), oro para que tu uses até mesmo esse período de rebelião na vida dela para propósitos eternos.

Peço que ela conduza muitos à justiça (DANIEL 12:3) quando se converter "...do seu caminho errado..." (TIAGO 5:20).

"Tudo podes, e nenhum dos teus planos pode ser frustrado", Senhor (JÓ 42:2)!

Por tudo subsistir no Senhor (COLOSSENSES 1:17), peço que tu a sustentes quando ela parecer estar desmoronando.

Ajuda-a a descobrir os Teus planos e propósitos para a vida dela e a te amar por causa deles!

Oro para que tu a faças próspera não só neste mundo, mas especialmente no porvir.

Que o Senhor seja a esperança e o futuro dela (JEREMIAS 29:11), porque tu tens a "primazia" em tudo! (COLOSSENSES 1:18).

DIA 12

Restaurado

*Deveras orará a Deus, que lhe será propício;
ele, com júbilo, verá a face de Deus,
e este lhe restituirá a sua justiça.* JÓ 33:26

"Orará a Deus, que lhe será propício; ele, com júbilo, verá a face de Deus, e este lhe restituirá...".
Posso ver meu filho nesse versículo! Isso é exatamente o que quero para ele!
Não há alegria como a alegria que tu dás.
Nada é melhor do que ser restaurado a um relacionamento correto contigo.
Anseio por vê-lo com "veste de louvor, em vez de espírito angustiado".
Anseio vê-lo firme diante e ti, como "...[carvalho] de justiça, [plantado] pelo SENHOR para a sua glória" (ISAÍAS 61:3).
O carvalho pode estar no período de inverno agora e parece muito estéril.
Mas a primavera virá! Oro para que ele volte seu coração a ti e cresça "na graça e no conhecimento" de tudo que tu és (2 PEDRO 3:18).
Tu me deste esse filho para que eu pudesse criá-lo para crer em ti.
Tu o fizeste surgir de meu corpo e o colocaste em meus braços para que eu pudesse orar para que ele conheça a ti e te ame por toda a eternidade.
Orei por ele, mesmo antes de ele nascer, e agora não vou "[desfalecer]" de orar por ele (GÁLATAS 6:9).
Hoje eu "...[ando] por fé e não pelo que [vejo]" (2 CORÍNTIOS 5:7) enquanto espero que ele se volte a ti.

ORAÇÃO *pelos filhos* PRÓDIGOS

Mas "eu creio que verei a bondade do SENHOR na terra dos viventes".

Terei bom ânimo e meu coração se fortificará; esperarei, pois, pelo Senhor (SALMO 27:13,14).

As estações mudam! E esta mudará. A escuridão passará.

Firmo-me em Tua verdade: "O SENHOR é Deus, ele é a nossa luz" (SALMO 118:27).

"Mostra o teu esplendor" (SALMO 80:1), Pai!

Deixa a Tua luz suplantar qualquer escuridão na vida dele!

"Tudo é possível" para ti (MARCOS 10:27)!

"Restaura-nos, ó SENHOR, Deus dos Exércitos, faze resplandecer o teu rosto, e seremos salvos" (SALMO 80:19).

Pela fé, eu vejo o Teu rosto resplandecendo sobre o meu filho, e ele olhando para ti, com a face radiante de alegria.

Que tenhamos "perpétua alegria", Pai (ISAÍAS 61:7)! A dele, a minha e a Tua! Para a Tua glória, agora e para sempre!

DIA 13

A diferença que a oração faz

Muito pode, por sua eficácia, a súplica do justo.
TIAGO 5:16

Pai, louvo ao Senhor pelo privilégio da oração.
Tu respondeste às minhas orações tantas vezes, de tantas maneiras!
Mesmo quando a resposta não era o que eu procurava no momento, tu me mostraste repetidas vezes que é "sábio de coração" (JÓ 9:4).
Obrigado porque, por causa de Jesus, posso me achegar "confiadamente, junto ao trono da graça, a fim de [receber] misericórdia e [achar] graça para socorro em ocasião oportuna" (HEBREUS 4:16).
Eu não conquistei o privilégio de me aproximar do trono em oração. Não o mereço. Tu me permites fazê-lo devido à *Tua* bondade.
A Tua Palavra me diz que as orações de um homem justo são poderosas e eficazes — e isso significa que até mesmo as minhas orações o são, pelo que tu fizeste por mim.
Jesus se tornou minha "…justiça, e santificação, e redenção" (1 CORÍNTIOS 1:30).
Não tenho como agradecer-te suficientemente por isso!
Então, venho a ti novamente, Pai, louvando-te porque "Jesus veio ao mundo para salvar os pecadores" (1 TIMÓTEO 1:15), e pedindo Tua ajuda para minha filha.
Louvo-te porque minhas orações podem fazer diferença. Tu respondes as orações! E escolhes agir por meio delas.
Tu prometes que "dará boas coisas aos que lhe pedirem" (MATEUS 7:11).

Perdoa-me, Pai, por minha falta de fé e pelos momentos em que fiquei imaginando se as minhas orações realmente fariam diferença.

Como tu poderias não responder a orações?

Tu és o "Deus compassivo, clemente e longânimo e grande em misericórdia e fidelidade; que guarda a misericórdia em mil gerações, que perdoa a iniquidade, a transgressão e o pecado" (ÊXODO 34:6,7).

Louvo-te porque "ouves quando eu clamo" pelo bem de meu filho pródigo (SALMO 4:3).

Tu és "a minha esperança" e "a minha confiança" (SALMO 71:5).

Louvo-te porque as minhas orações podem mudar a história, porque "para Deus tudo é possível" (MARCOS 10:27).

Então, aqui está ela, Pai, a filha com que tu me abençoaste, um presente de Tua mão e Teu coração.

Oro para que tu a salves em absolutamente todas as maneiras imagináveis!

Louvo-te por ser "poderoso para fazer infinitamente mais do que tudo..." que peço ou penso (EFÉSIOS 3:20), porque tu és "o Deus grande, poderoso e temível" (NEEMIAS 9:32)!

DIA 14

Se eu morrer antes de ela acordar
(Oro ao Senhor para resgatar a sua alma)

*Todos estes morreram na fé, sem ter obtido
as promessas; vendo-as, porém, de longe, e saudando-as...*
HEBREUS 11:13

Pai, eu quero muito ver minha filha ir a ti. Mas, e se isso levar mais tempo do que a minha vida?
Eu ainda viverei por fé e saudarei "de longe" a Tua resposta às minhas orações (HEBREUS 11:13).
Fico maravilhado com a maneira como tu tens apreço pela oração, Pai.
Tu manténs nossas orações diante de ti em "taças de ouro" (APOCALIPSE 5:8), subindo como incenso.
Por manteres as nossas orações em Teu coração, tu podes até adicionar-lhes anos que excedem nossa vida na Terra.
Como tu és surpreendente, Pai!
Volto a ti em fé, por minha preciosa filha.
Ainda que ela não vá a ti durante o meu tempo aqui, louvo-te porque ainda estará agindo para responder às minhas orações pela salvação dela.
Como anseio ver a alma dela despertar para ti! Para a vida abundante (JOÃO 10:10), eterna (JOÃO 3:15) e gratuita (APOCALIPSE 22:17)!
Sou lembrado de Tua Palavra: "Desperta, ó tu que dormes, levanta-te de entre os mortos, e Cristo te iluminará" (EFÉSIOS 5:14).
Brilha sobre ela, Senhor! Faz a Tua luz brilhar no coração dela para lhe dar "...iluminação do conhecimento da glória de Deus, na face de Cristo" (2 CORÍNTIOS 4:6).

ORAÇÃO *pelos filhos* PRÓDIGOS

Declara vida a ela, Senhor, como fizeste à filha de Jairo (LUCAS 8:54). Não uma vida que terminará em morte algum dia, mas que "não morrerá, eternamente" (JOÃO 11:26)!

Livra-a da vingança mortal do pecado (ROMANOS 6:23) e conceda-lhe a bondade que tu tens "preparado para aqueles que o amam" (1 CORÍNTIOS 2:9).

Se eu morrer antes de ela despertar, permita-me estar perto quando tu lhe disseres, no céu: "Muito bem, servo bom e fiel [...] entra no gozo do teu senhor" (MATEUS 25:23).

Ó, que a vida dela possa ser vivida para o louvor da Tua glória, Senhor Jesus (EFÉSIOS 1:12)!

Essa é a minha oração, feita com fé, esperança e amor, porque "eu sei que o meu Redentor vive" (JÓ 19:25).

Eu oro para que ela também venha a saber disso, Pai.

E te louvo por esta oração ser eterna porque tu o és!

Notas:

SEMANA 3

Querendo o que Deus quer

*Então, se chegou a ele a mulher de Zebedeu,
com seus filhos, e, adorando-o, pediu-lhe um favor.*

MATEUS 20:20

Pergunte à maioria dos pais o que eles querem para os filhos e você verá que eles querem coisas boas: uma carreira de sucesso, um lar feliz, boa saúde, uma vida com menos desafios do que eles tiveram...

Mas, e Deus, o que Ele quer?

Às vezes, não pensamos tanto nessa pergunta quanto deveríamos. Presumimos naturalmente que Deus quer as "coisas boas" que imaginamos para nossos filhos, e que nossos sonhos para eles são os mesmos que os do Senhor.

Era assim que a mãe de Tiago e João (os filhos de Zebedeu) via. Mateus escreve que a mulher de Zebedeu se aproximou de Jesus "com seus filhos e, adorando-o, pediu-lhe um favor". Quando Jesus perguntou o que ela queria, ela respondeu: "Manda que, no teu reino, estes meus dois filhos se assentem, um à tua direita, e o outro à tua esquerda" (MATEUS 20:21).

Por que ela não deveria pedir aquilo? Afinal, Jesus tinha chamado seus filhos de "filhos do trovão" (MARCOS 3:17). Eles eram ambiciosos e tinham grandes planos para o futuro e para o reino de Deus. E, se alguém atravessava seu caminho, como quando uma aldeia de Samaria não acolheu Jesus, Tiago e João queriam mandar "...descer fogo do céu para os consumir" (LUCAS 9:54).

Se havia alguém que "defendia Jesus", esses eram os Filhos do Trovão. Mas, quando mamãe foi falar sobre isso com Jesus, Ele respondeu: "Não sabeis o que pedis..." (MATEUS 20:22).

Não quero ser duro demais com a mãe de Tiago e João. Tenho uma suspeita secreta de que eles pediram isso à mamãe. Afinal, certamente os robustos "Filhos do Trovão" poderiam ter dissuadido a mãe. Mas eles não o fizeram. E a resposta de Jesus foi dirigida a eles, não a ela. Perceba, também, que Mateus nos diz que "...ouvindo isto os dez, indignaram-se contra os *dois irmãos*" (MATEUS 20:24). Mamãe não é mencionada.

Ainda assim, ela *pediu*. Talvez ela tenha sido envolvida pelo esquema de seus filhos. Qualquer pai de filho pródigo sabe quão facilmente isso *pode* acontecer. Seus atos mostram que ela amava seus filhos, como qualquer boa mãe, e acreditava neles. Ainda assim, seu encontro com Jesus levanta uma questão crucial: Quero para meu filho as mesmas coisas que Deus quer?

Percebo que, se não tenho cuidado, sou pego no modo de pensar do mundo: um futuro de sucesso significa escolas, faculdade, carreira e cônjuge "certos". Isso é bom à primeira vista, mas muito míope quando consideramos a eternidade. "Que aproveita ao homem ganhar o mundo inteiro e perder a sua alma?" (MARCOS 8:36). Se meus filhos são pagãos bem-sucedidos que parecem bons sob o ponto de vista do mundo, mas estiverem separados de Deus por toda a eternidade, que tipo de futuro *é esse*?

Nada é mais importante do que estar em paz com Deus. Se estou tentando moldar o futuro deles com menos do que isso em mente, estou errando o alvo em uns dois quilômetros. Mas, se eu mirar o que Deus quer, sempre haverá motivo para esperança.

Quando você tem um filho pródigo, pode se sentir como tendo de contentar-se com o segundo melhor no tocante ao futuro. Talvez você venha fazendo comparações com outras crianças da idade de seus filhos e estes pareçam estar atrás. Talvez seus planos não tenham funcionado e você esteja lutando para conceber novos planos. Deus já prometeu ao Seu povo: "Eu é que sei que pensamentos tenho a vosso respeito [...] pensamentos de paz e não de mal, para vos dar o fim que desejais" (JEREMIAS 29:11), e Seu coração não mudou.

O futuro que Ele promete não se limita à duração da vida. Deus pode não só abrir portas aos nossos filhos nesta Terra, Ele pode também abrir o céu.

Nossa oração precisa ser: "Pai, ajude-me a querer o que o Senhor quer para meu filho. Ajude-o a amar ao Senhor acima de tudo!"

Quando essa oração for atendida, seu filho ou filha será verdadeiramente feliz e terá tudo de que necessita. Não apenas durante alguns anos nesta Terra, mas em todos os dias vindouros, estendendo-se para além do sempre, porque "Nem olhos viram, nem ouvidos ouviram, nem jamais penetrou em coração humano o que Deus tem preparado para aqueles que o amam" (1 CORÍNTIOS 2:9).

⁓

Suas posses nunca estarão tão seguras até que você esteja disposto a renunciar a elas, e você nunca será rico até que coloque tudo o que tem nas mãos de Deus.

C. H. SPURGEON

DIA 15

Portas abertas

*Ora, Deus concedeu a Daniel misericórdia
e compreensão da parte do chefe dos eunucos.*

DANIEL 1:9

Pai, algumas das escolhas de meu filho afetaram o futuro dele. As oportunidades perdidas, admissões negadas e portas fechadas não teriam ocorrido se ele tivesse aplicado os dons que tu lhe deste.

Mas isso não significa que ele perdeu a maior oportunidade da vida dele.

Tu és essa oportunidade! E tu podes criar novas oportunidades para ele.

Mais do que querer que ele busque a Tua mão e o que tu podes fazer por ele, quero que ele busque o Teu coração.

Oro para que ele não fique alheio a tudo que tu és.

Tudo que esta Terra tem a oferecer empalidece em comparação ao o Senhor e à beleza de um relacionamento amoroso contigo.

"Os céus e até o céu dos céus não te podem conter" (1 REIS 8:27).

Peço-te que tu dês a ele graça para compreender, profundamente em sua alma, que "o ser humano é apenas um sopro" (SALMO 39:5 NTLH).

Tu prometes: "Eu sou contigo para te salvar, para te livrar" (JEREMIAS 15:20); oro para que ele atente para essa promessa.

Mas também peço a Tua ajuda para o futuro terreno dele, Senhor.

Oro para que tu o ajudes a aplanar os caminhos para seus pés e trilhar somente caminhos firmes (PROVÉRBIOS 4:26).

Assim como favoreceste Daniel quando Teu povo era estrangeiro num país que não era o dele, peço que dês ao meu filho sabedoria para seguir-te e encontrar o Teu favor.

ORAÇÃO *pelos filhos* PRÓDIGOS

Assim como tu eras "com José, que veio a ser homem próspero" (GÊNESIS 39:2) contrariando todas as probabilidades, oro para que ele seja abençoado em Tua obra.

Somente tu podes fazer isso, Pai, e eu te louvo por isso!

Por favor, concede-lhe favor junto a empregadores e pessoas que são chave no acesso aos lugares que tu preparaste, de maneira que ele veja a Tua mão operando e te agradeça por isso.

Permite que portas se abram quando ele se voltar a ti, para que ele veja que "bendito [é] o homem que confia no Senhor e cuja esperança é o Senhor" (JEREMIAS 17:7).

Por favor, abençoa meu filho, Pai!

Abençoa-o com "um bom futuro" (PROVÉRBIOS 23:18).

Abençoa-o com o desejo de aguardar "…a tua salvação" (SALMO 119:81).

Abençoa-o com a Tua presença!

DIA 16

A saída

Não vos sobreveio tentação que não fosse humana; mas Deus é fiel e não permitirá que sejais tentados além das vossas forças; pelo contrário, juntamente com a tentação, vos proverá livramento, de sorte que a possais suportar. 1 CORÍNTIOS 10:13

Senhor, ela se safou por um triz muitas vezes ultimamente. A respiração quente da tentação foi se aproximando e bafejando em seu pescoço.

Ela entrou nas situações de boa vontade, sabendo que tu a farias tomar outro caminho, e seus pés "quase [lhe] resvalaram" (SALMO 73:2).

Eu peço que Teu poder repouse sobre ela (2 CORÍNTIOS 12:9), de modo que ela possa escolher aquilo que te agrada (ISAÍAS 56:4).

Oro para que tu lhe concedas a Tua força, Senhor Jesus, para que ela possa ter tudo o que necessita para permanecer forte neste momento desafiador (2 CORÍNTIOS 9:8).

Agradeço-te por ela não enfrentar nenhuma tentação que o Senhor não compreenda, porque tu foste "tentado em todas as coisas, à nossa semelhança", mas permaneceste "sem pecado" (HEBREUS 4:15).

Louvo-te pelo Senhor ser capaz de "compadecer-se das nossas fraquezas" em todos os sentidos (HEBREUS 4:15)!

Pai, não consigo louvar-te suficientemente por Tua promessa de que nunca a deixarás ser tentada além do que ela possa suportar.

Todas as vezes tu proverás "livramento" (1 CORÍNTIOS 10:13).

Mostra-lhe a saída, Senhor! Sinaliza-a tão visivelmente, que ela não terá como errar! Melhor ainda, fique ao lado dela e chamando-a pelo seu nome.

ORAÇÃO *pelos filhos* PRÓDIGOS

"Quem [a] livrará do corpo desta morte?" (ROMANOS 7:24).
Tu o farás, Senhor Jesus! E eu te amo por isso.
Tu és a saída!
Tu és "o caminho, e a verdade, e a vida" (JOÃO 14:6).
Tu és a "viva esperança" de que ela necessita (1 PEDRO 1:3)!
Ajuda-a a "[resistir] ao diabo" para que "ele [fuja]" dela (TIAGO 4:7).
Pai, restaura a sua fé e torna-a forte, firme e inabalável
    (1 PEDRO 5:10).
Louvo-te porque tu és continuamente fiel!
Louvo-te porque Teu amor nunca faltará a ela ou a mim!
Tua "salvação durará para sempre" e Tua "justiça não será anulada" (ISAÍAS 51:6)!
Coloco minha confiança no Senhor por mim e por minha filha, e peço que a Tua graça a liberte da tentação e do pecado.

DIA 17

Por olhos abertos

[Oro para que sejam] iluminados os olhos do vosso coração, para saberdes qual é a esperança do seu chamamento, qual a riqueza da glória da sua herança nos santos e qual a suprema grandeza do seu poder para com os que cremos.
EFÉSIOS 1:18,19

Ele precisa ver as coisas de uma maneira nova, Pai.
Ele precisa de uma visão nova e duradoura para a sua vida, e só tu podes lhe dar isso.
Pai, oro para que sejam "iluminados os olhos" do seu "coração, para" ele saber "qual é a esperança" que vem somente do Senhor.
Que ele conheça a esperança e te conheça, Senhor!
Oro para que tu, "o Deus da esperança", o enchas "com toda alegria e paz" quando ele confiar no Senhor, de modo que ele possa "transbordar de esperança pelo poder do Espírito Santo".
Leva-o a um novo lugar na vida, Senhor! Um lugar onde ele "[seja alegre] na esperança, [paciente] na tribulação, na oração, [perseverante]" (ROMANOS 12:12,13).
Que futuro o espera quando ele se voltar ao Senhor!
Senhor Jesus, tu disseste: "São os olhos a lâmpada do corpo. Se os teus olhos forem bons, todo o teu corpo será luminoso" (MATEUS 6:22).
Anseio ver-te brilhando através dos olhos dele!
Anseio ouvir a Tua Palavra sair da boca de meu filho e ver-te movendo-te por meio do coração e das mãos dele.
Ele nasceu para conhecer e amar ao Senhor.
Tu nos preparaste para isto (2 CORÍNTIOS 5:5)!

Oro para que ele se renove na atitude de sua mente e se "[revista] do novo homem, criado segundo" o Senhor "em justiça e retidão" (EFÉSIOS 4:23,24).

Ajuda-o a compreender que nós somos "feitura [sua], criados em Cristo Jesus para boas obras", as quais o Senhor "de antemão preparou para que andássemos nelas" (EFÉSIOS 2:10).

O futuro dele com o Senhor está escancarado!

Tu manténs o futuro em Tuas mãos, e toda sorte de bênçãos juntamente com ele.

Ajuda-o a entender que, se ele estiver do Teu lado, terá tudo que necessita, porque "Não há sabedoria, nem inteligência, nem mesmo conselho contra o SENHOR" (PROVÉRBIOS 21:30).

Tudo que o diabo usou para prejudicá-lo dará em nada, porque "...para isto se manifestou o Filho de Deus: para destruir as obras do diabo" (1 JOÃO 3:8).

"SENHOR, peço-te que lhe abras os olhos para que veja" (2 REIS 6:17) e decida seguir-te hoje!

DIA 18

Pai, perdoa

> Quando chegaram ao lugar chamado Calvário, ali o crucificaram, bem como aos malfeitores, um à direita, outro à esquerda. Contudo, Jesus dizia: Pai, perdoa-lhes, porque não sabem o que fazem. Então, repartindo as vestes dele, lançaram sortes. LUCAS 23:33,34

Ninguém é mais perdoador do que o Senhor. Tu és absolutamente surpreendente!

Depois de tudo que havias sofrido sob nossas mãos cruéis, tu até nos perdoaste por torturar-te.

Nada se compara ao Teu amor. Nada chega perto.

O que é mais surpreendente é que tu te aproximaste de nós!

E te achegaste a nós, para nos mostrar o quanto nos ama.

Tu morreste para nos libertar "da lei do pecado e da morte" (ROMANOS 8:2) e ressuscitaste para nos dar vida.

E, enquanto estavas morrendo, intercedeste junto ao Pai por Teus assassinos.

Eles realmente não sabiam o que estavam fazendo, não é?

Se eles tivessem entendido, "jamais teriam crucificado o Senhor da glória" (1 CORÍNTIOS 2:8).

Obrigado por Tua misericórdia, Senhor Jesus. "Não sou digno", mas (LUCAS 7:6) te louvo por ela.

Há tanto conforto em Teu amor, tantos "afetos e misericórdias" (FILIPENSES 2:1).

Tu anseias por nós com carinho (FILIPENSES 1:8); minha filha realmente precisa de Tua compaixão e carinho agora.

Ela é jovem e não entende as consequências de seus atos.

Se ela apenas tivesse um vislumbre de como tu és maravilhoso, não conseguiria deixar de amá-lo!

ORAÇÃO *pelos filhos* PRÓDIGOS

Perdoa-a, Pai. Ela não sabe o que está fazendo (LUCAS 23:34).

Eu sei que ela precisa pedir perdão por si mesma e oro para que ela o faça!

Entendo que "ninguém pode dizer: Senhor Jesus!, senão pelo Espírito Santo" (1 CORÍNTIOS 12:3).

Por isso, peço que o Teu Espírito faça a Tua luz brilhar no coração dela (2 CORÍNTIOS 4:6) e lhe dê uma nova compreensão de tudo que tu és.

Abre os olhos dela, Senhor Jesus, e mostra-lhe "o caminho da paz" (ISAÍAS 59:8).

Algum dia, "todos nós [compareceremos] perante o tribunal de Cristo" (2 CORÍNTIOS 5:10); eu oro para que ela esteja pronta!

Ajuda-me a ajudá-la de qualquer maneira que eu possa.

Assim como eu já fui desobediente a ti e alcancei misericórdia (ROMANOS 11:30), também "apressem-se ao nosso encontro as tuas misericórdias" (SALMO 79:8)!

Então, diremos juntos o quanto tu fizeste por nós (MARCOS 5:19), para que outros também possam conhecer a Tua misericórdia!

DIA 19

O Deus da segunda chance

Depois de terem comido, perguntou Jesus a Simão Pedro: Simão, filho de João, amas-me mais do que estes outros? Ele respondeu: Sim, Senhor, tu sabes que te amo. Ele lhe disse: Apascenta os meus cordeiros. JOÃO 21:15

Jesus, eu amo o que tu fizeste por Pedro.
Depois de ele ter te negado três vezes (MATEUS 26:34), tu ainda o perdoaste e lhe deste outra chance.
Obrigado por Tua misericórdia, Jesus!
Tu deste outra chance não somente a Pedro, mas também a mim.
E continuas a me dar chances. Tu me perdoas vez após outra.
Meu filho também precisa do Teu perdão, Senhor.
Ele precisa da segunda chance que só tu podes lhe dar.
Tu disseste: "importa-vos nascer de novo" (JOÃO 3:7); oro para que ele nasça de novo!
Confirma a "vocação e eleição" dele (2 PEDRO 1:10).
Que não haja dúvida, na mente dele, de que tu o salvaste e chamaste "com santa vocação; não segundo as nossas obras, mas conforme a sua própria determinação e graça" (2 TIMÓTEO 1:9).
Pai, eu te louvo porque tu desejas "que todos os homens sejam salvos e cheguem ao pleno conhecimento da verdade" (1 TIMÓTEO 2:4).
Isso inclui o meu filho!
Eu te agradeço porque tu queres que ele seja salvo, e colocaste em meu coração o desejo de orar por ele.
Oro por uma segunda chance para o meu filho, como tu concedeste a Pedro.

ORAÇÃO *pelos filhos* PRÓDIGOS

Eu te peço, "Senhor da seara", que "mandes trabalhadores para a sua seara" (MATEUS 9:38) que é a vida de meu filho.

Permita-lhe encontrar Teu povo por onde passar e faz que eles compartilhem o Teu amor com meu filho de maneiras que ele não consiga ignorar.

Faz o coração dele arder (LUCAS 24:32) quando te encontrar falando-lhe por meio do Teu povo.

Depois, abre os olhos dele para que possa reconhecer-te e volte seu coração ao Senhor novamente.

Jesus, tu prometeste: "...o que vem a mim, de modo nenhum o lançarei fora" (JOÃO 6:37).

Oro para que ele vá a ti hoje!

DIA 20

Nova misericórdia!

*As misericórdias do SENHOR são
a causa de não sermos consumidos, porque as suas
misericórdias não têm fim; renovam-se
cada manhã. Grande é a tua fidelidade.*

LAMENTAÇÕES 3:22,23

Algo bom está vindo e eu te agradeço por isso, embora ainda não saiba o que é!

Mas conheço o Senhor; Tua bondade "[renova-se] cada manhã".

Obrigado, Senhor, pela Tua bondade por mim e minha filha.

Obrigado porque, quando estou cansado e chego ao fim da minha força, a Tua força me faz continuar.

"Ainda que a minha carne e o meu coração desfaleçam", o Senhor é "a fortaleza do meu coração" para sempre (SALMO 73:26).

"Bom é estar junto a Deus" (SALMO 73:28).

É bom saber que posso ir a ti com todo tipo de necessidade e encontrar-te pronto e esperando, incansavelmente capaz de responder à oração.

Obrigado pela incrível esperança que tu dás.

"Quem mais tenho eu no céu?" (SALMO 73:25).

Não cederei ao medo, dúvida e preocupação, porque tu estás comigo.

Tu és o meu ajudador (SALMO 118:7), "...a minha cidadela, o meu libertador" (2 SAMUEL 22:2).

Eu te louvo porque "as misericórdias do SENHOR são a causa de não sermos consumidos" (LAMENTAÇÕES 3:22).

Tu te entregaste a ti mesmo "por nós, a fim de remir-nos de toda iniquidade" e fazer-nos "um povo exclusivamente [teu]" (TITO 2:14).

Oro para que nova misericórdia flua à vida de minha filha com propósito e poder, para que ela possa encontrar a "esperança superior" que lhe permitirá chegar-se ao Senhor (HEBREUS 7:19).

Então, juntos, "[exaltaremos e louvaremos] o teu nome, porque tens feito maravilhas" (ISAÍAS 25:1).

Encontraremos motivos novos para louvar-te que não descobrimos ainda, misericórdias ainda a caminho, vindas de Tua amorosa mão.

Devido à Tua bondade, renovarei minha esperança em ti hoje.

"Bom é o SENHOR para os que esperam por ele" (LAMENTAÇÕES 3:25).

Rogo Tua misericórdia por minha filha, para que ela logo possa descobrir que o desejo do coração dela é o Senhor.

E eu te louvo por esse dia estar chegando, porque "as suas misericórdias não têm fim [...] Grande é a tua fidelidade" (LAMENTAÇÕES 3:22,23)!

DIA 21

Tende bom ânimo!

Estas coisas vos tenho dito para que tenhais paz em mim. No mundo, passais por aflições; mas tende bom ânimo; eu venci o mundo.

JOÃO 16:33

Senhor, como é bom ouvir-te dizer "tende bom ânimo"! Louvo-te por eu poder ter bom ânimo porque tu venceste o mundo e superaste todo obstáculo que meu filho e eu enfrentaremos.

Nada encontramos que o Senhor seja incapaz de lidar!

Não admira a Tua Palavra dizer: "Sede fortes, e revigore-se o vosso coração, vós todos que esperais no SENHOR" (SALMO 31:24).

Minha esperança está em ti!

Posso ter "forte alento" porque tenho essa "...esperança proposta; a qual temos por âncora da alma, segura e firme" (HEBREUS 6:18,19).

Tu vives eternamente "para interceder" por nós (HEBREUS 7:25)!

Mesmo agora, enquanto estou orando, tu estás apresentando as minhas necessidades ao Pai.

Ele te ressuscitou "dentre os mortos" e te fez sentar "à sua direita [...] acima de todo principado, e potestade, e poder, e domínio, e de todo nome que se posa referir, não só no presente século, mas também no vindouro" (EFÉSIOS 1:20,21).

Ele te "pôs todas as coisas debaixo dos pés" (EFÉSIOS 1:22), até mesmo os problemas que enfrentamos!

Louvo-te, Senhor Jesus, porque tu supres à nossa necessidade e "[salva] totalmente os que" por Teu intermédio "se chegam a Deus" (HEBREUS 7:25,26).

ORAÇÃO *pelos filhos* PRÓDIGOS

Louvo-te pela promessa de que o Pai atenderá a todas as nossas necessidades "segundo a sua riqueza em glória" no Senhor Jesus (FILIPENSES 4:19)!

Ao trazer meu filho à Tua presença hoje, penso no que disseste a outro jovem: "Tem bom ânimo, filho; estão perdoados os teus pecados" (MATEUS 9:2).

Anseio ouvir-te dizendo-lhe isso!

Anseio por ele pedir o perdão que só tu podes dar!

Senhor Jesus, oro para que removas do caminho dele qualquer coisa que o impeça de se aproximar de Deus.

Dá-lhe a revelação de que "a amizade do mundo" não o levará a qualquer lugar, senão mais longe do Senhor (TIAGO 4:4).

Ajuda-o a entender que "...o mundo passa, bem como a sua concupiscência; aquele, porém, que faz a vontade de Deus permanece eternamente" (1 JOÃO 2:17).

Desejo que ele viva eternamente com o Senhor e tenho bom ânimo hoje, porque tu queres que seja assim com ele também!

Tenho bom ânimo de ele poder, algum dia, ter paz no Senhor como eu tenho, porque tu respondes à oração.

Eu oro para que ele receba a Tua paz hoje, Senhor.

Notas:

SEMANA 4

O Pai que corre

Vinha ele ainda longe, quando seu pai o avistou, e, compadecido dele, correndo, o abraçou, e beijou.

LUCAS 15:20

Olhos vivos, rosto de querubim e uma cabeleira castanha escura. Lembro-me da primeira vez em que segurei meu filho em meus braços. Ele nasceu rapidamente, 12 minutos após chegarmos ao pronto-atendimento. Não houve sequer tempo para colocar o soro em sua mãe.

Mas, tudo estava bem. Nosso menino era saudável e forte, e a mãe estava ótima. Assim como tínhamos feito com sua irmã, antes de sairmos do hospital, Cari e eu usufruímos de um momento calmo com nosso melhor amigo, John. Tomamos nosso filho em nossos braços, curvamos nossa cabeça e o dedicamos a Deus.

Aquela seria a primeira de muitas orações por ele.

Todos os filhos necessitam das nossas orações, especialmente aqueles que passam pelos anos pródigos. A infância de Bryan foi idílica. Ele era carinhoso e amava passar tempo com a família. Fizemos viagens, jogamos e lemos juntos bons livros e a Palavra de Deus. Ele frequentava a Escola Dominical todos os domingos de sua vida e recebeu Jesus como seu Salvador aos 7 anos. Os anos eram plenos e sua fé infantil era sincera.

Mal sabíamos que o sol daquela estação daria lugar às nuvens de outra.

Era mais de meia-noite quando o telefone tocou.

— Papai, sou eu.

— Você está bem, Bryan?

— Estou bem, mas vou passar a noite na casa do Andy.

— Não foi isso o que combinamos. Você disse que estaria em casa até meia-noite.

— Eu sei, pai. Mas... eu realmente não devo dirigir e Andy também não pode me levar para casa.

Pelo som de sua voz, percebi que Bryan havia bebido. Embora ele estivesse tomando a decisão certa de não ir à rua, como ponto de partida ele sabia que não deveria ter se colocado nessa situação.

Quando seu filho passa por anos de prodigalidade, você imagina onde errou como pai. Não só os seus filhos o questionam, mas você questiona a si mesmo. Às vezes, se sente como se o mundo todo estivesse assistindo, e imagina se alguém realmente compreende.

Quando estávamos passando por um momento especialmente difícil com Bryan, um amigo me puxou de lado após uma reunião em nossa igreja.

— Quero que você saiba que oro por você e seu filho todos os dias, disse ele. Em seguida, acrescentou: — Sinto-me tão culpado.

— Por que você se sente culpado?, perguntei intrigado.

— Porque eu nunca tive de lidar com filhos pródigos, confidenciou ele. — Minhas filhas eram muito comportadas. Só agora começo a perceber como eu era feliz, e não por causa de algo que fiz ou não fiz. Sinto-me como se eu tivesse sido poupado, de alguma maneira. E concluiu: — Os filhos fazem as suas próprias escolhas.

Desejei abraçá-lo. Senti claramente que Deus o enviara, naquele momento, com uma revelação que eu precisava profundamente ouvir. Sua compaixão foi um presente de Deus, comunicando-me a compreensão do Pai por minha luta com meu filho.

Ninguém entende melhor a luta com pródigos do que o nosso Pai celestial. A história do filho pródigo é a nossa história e a de Deus. Jesus a contou pelo bem de todos os pecadores que precisam tão desesperadamente voltar a casa, para o seu Criador, e descobrir o calor de um relacionamento amoroso com Ele.

ORAÇÃO *pelos filhos* PRÓDIGOS

A história do filho pródigo é a definitiva busca e salvamento. A missão de Jesus era "buscar e salvar o perdido" (LUCAS 19:10). Na história, Ele pinta um quadro comovente de um pai que faz o que era impensável naquela cultura, naquele tempo. Em vez de ficar parado a certa distância enquanto seu filho voltava mancando para casa, ele o avistou e correu em sua direção. Lucas registra as palavras de Jesus: "Vinha ele ainda longe, quando seu pai o avistou, e, compadecido dele, correndo, o abraçou, e beijou" (LUCAS 15:20).

Jesus é Deus nos vendo ao longe e olhando para nós com compaixão. Ele é Deus correndo para nós e nos abraçando. Ele é o beijo de boas-vindas do céu acolhendo o pecador arrependido.

Ninguém se preocupa mais com os pródigos do que Jesus. Cristo ama meu filho pródigo e acolhe as minhas orações por ele. Jesus quer restaurá-lo ao Pai e acolhê-lo em casa. Ele me chamou para participar da Sua missão de busca e salvamento. Juntos, estamos buscando meu filho.

Jesus ama Bryan ainda mais do que eu. Ele o ama tanto, que morreu para salvá-lo. E Ele anseia por minhas orações por seu bem.

Afinal de contas, eu entreguei Bryan a Jesus no dia em que ele nasceu. E Jesus disse: "Deixai os pequeninos, não os embaraceis de vir a mim, porque dos tais é o reino dos céus" (MATEUS 19:14). Como eu poderia fazer algo menos do que orar por meu filho?

Embora o caminho de Bryan seja escuro e ele esteja longe de casa, Deus não apenas deixou a luz acesa para seu retorno. O Senhor está lá fora, na varanda da frente, observando, esperando, chamando. E Ele me pediu para acompanhá-lo.

⌒

Aqueles que nos são queridos podem desprezar nossos apelos, rejeitar nossa mensagem, se opor aos nossos argumentos, e desprezar-nos — mas são impotentes contra as nossas orações.

J. SIDLOW BAXTER

DIA 22

Sem registro dos erros

O amor é paciente, é benigno; o amor não arde em ciúmes, não se ufana, não se ensoberbece, não se conduz inconvenientemente, não procura os seus interesses, não se exaspera, não se ressente do mal. 1 CORÍNTIOS 13:4,5

Preciso do lembrete, Senhor, de que o amor "não se ressente do mal".

Não quero ser o tipo de pai que tem coisas contra seu filho. Coisa alguma. Jamais.

Eu sei que tu me disseste: "se [...] não perdoardes aos homens as suas ofensas, tampouco vosso Pai vos perdoará as vossas ofensas" (MATEUS 6:15).

Como eu poderia não perdoar? Tu me perdoaste em tudo!

"Lançaste para trás de ti todos os meus pecados" (ISAÍAS 38:17).

Todo pecado que já cometi foi tirado, "quanto dista o Oriente do Ocidente" (SALMO 103:12).

Obrigado, Pai, por me amares com um amor tão surpreendente!

Quanto mais eu vivo, mais entendo quanto necessito de perdão e que presente precioso ele é.

Minha filha também precisa de perdão.

Algum dia, ela precisará saber que eu a perdoei por todo erro que ela cometeu, mesmo que ainda não compreenda isso.

Por favor, ajuda-me a fazer isso, Senhor.

Neste momento, oro por um coração disposto a perdoar. Quero que ela experimente o verdadeiro perdão, do Senhor e de mim.

Quero deixar ao pé da cruz tudo que ela fez a mim.

Quero deixar isso para trás de nós para sempre e peço a Tua ajuda para eu nunca mais me lembrar.

Também peço o Teu perdão, Pai, por todas as vezes em que eu, com raiva, a lembrei dos pecados dela e erros e lhe contei o meu próprio "registro dos erros" pessoal (1 CORÍNTIOS 13:5).

Ajuda-me a ter um coração como o Teu, Senhor, com "misericórdia e perdão", apesar de nos rebelarmos (DANIEL 9:9).

Eu sei que é mais fácil dizer que perdoou e esqueceu do que fazê-lo, porque minha tendência é de não esquecer os males feitos a mim.

Ajuda-me, Pai, a abrir mão dessas dores.

Por favor, dá-me um coração que se deleita na graça e misericórdia.

Rogo pela graça de permanecer forte quando precisar discipliná-la, porque "melhor é a repreensão franca do que o amor encoberto" (PROVÉRBIOS 27:5).

Peço também por graça para "disciplinar com mansidão [...] na expectativa de que" o Senhor lhe concederá "arrependimento para [conhecer] plenamente a verdade" (2 TIMÓTEO 2:25).

Que belo momento será quando ela se achegar ao Senhor e se arrepender!

Ela será como a mulher que "muito amou" porque "perdoados lhe [foram] os seus muitos pecados" (LUCAS 7:47).

Assim como os meus.

E, juntos, nós o louvaremos por Tua eterna misericórdia!

DIA 23

O perfeito amor lança fora o medo

No amor não existe medo; antes, o perfeito amor lança fora o medo. Ora, o medo produz tormento; logo, aquele que teme não é aperfeiçoado no amor.

1 JOÃO 4:18

Pai, nunca mais quero ter medo.
Preocupo-me com minha filha porque a amo e me é difícil não me preocupar.
Mas sei que me preocupo demais.
Tu me disseste: "Não vos inquieteis com o dia de amanhã, pois o amanhã trará os seus cuidados."
Tu disseste que "basta ao dia o seu próprio mal" (MATEUS 6:34).
Peço-te perdão por antecipar os problemas de amanhã, Senhor.
Sei que tu tens em mente algo muito melhor.
Ajuda-me a aproximar-me do Senhor "com sincero coração, em plena certeza de fé" (HEBREUS 10:22).
Oro por graça para ansiar por cada novo dia e peço que tu me enchas com a fé e o amor decorrentes "da esperança que [...] está preservada nos céus" (COLOSSENSES 1:5).
Peço também que o Teu amor perfeito expulse o medo de minha vida enquanto procuro levar minha filha ao Senhor.
Enche-me com o Teu amor, Senhor, de modo que ela te veja em mim.
Tu és o perfeito amor!
Ajuda-me a amá-la com coragem e sem egoísmo, porque não nos destes "espírito de covardia, mas de poder, de amor e de moderação" (2 TIMÓTEO 1:7).
Pai, eu te louvo porque não recebi o espírito de escravidão, para viver, outra vez, atemorizado, mas recebi o espírito de adoção.

ORAÇÃO *pelos filhos* PRÓDIGOS

Baseados nele, clamamos: "Aba, Pai" (ROMANOS 8:15)!

Abba, Pai, por favor, abençoa minha filha!

Quero dizer: "Busquei o SENHOR, e ele me acolheu; livrou-me de todos os meus temores" (SALMO 34:4).

Senhor Jesus, eu peço que o Teu perfeito amor expulse qualquer medo que haja no coração de minha filha quanto a achegar-se ao Senhor.

Ajuda-a a compreender que conhecer-te tem a ver com amor, muito diferente de qualquer exemplo menos que amoroso de legalismo ou de crítica que ela possa ter visto ao longo do caminho.

Oro para que o Teu amor possa ser "aperfeiçoado" nela para que ela, "no Dia do Juízo, [mantenha] confiança" (1 JOÃO 4:17).

Que ela viva no amor, porque "aquele que permanece no amor permanece" no Senhor (1 JOÃO 4:16), e o Senhor, nele.

Que a maravilha de tudo que tu és abençoe minha filha e aproxime o coração dela de ti hoje!

DIA 24

Milhas extras

Se alguém te obrigar a andar uma milha, vai com ele duas.
MATEUS 5:41

Às vezes, sinto ter algumas milhas extras em mim, Pai.

Há dias em que parece que meu filho precisa de mim para "andar a milha extra" mais de uma vez.

Obrigado, Senhor Jesus, porque as necessidades de meu filho estão me ensinando a servi-lo de maneiras como tu me serviste.

Tu "não [vieste] para ser servido, mas para servir e dar a sua vida..." (MATEUS 20:28).

Oro para que tu me ajudes a servir meu filho de maneira que o direcionará ao Senhor.

Ajuda-me a ter a Tua atitude, Senhor.

Tu assumiste "a forma de servo" (FILIPENSES 2:7).

Esse não é um caminho fácil, mas eu o aceito com gratidão, sabendo estar seguindo o Senhor.

Por fé, sei que esse caminho dará num lugar melhor para ele e para mim, se eu mantiver meus olhos no Senhor.

Oro para continuar na "fé, [alicerçado] e [firme], não [me] deixando afastar da esperança do evangelho" (COLOSSENSES 1:23).

Porque o amor tudo suporta (1 CORÍNTIOS 13:7), ajuda-me a tomar as medidas necessárias para ajudar meu filho "sem murmurações nem contendas" (FILIPENSES 2:14).

Ajuda-me a entender que "melhor é o fim das coisas do que o seu princípio; melhor é o paciente do que o arrogante" (ECLESIASTES 7:8).

Teus olhos "passam por toda a terra, para mostrar-se forte para com aqueles cujo coração é totalmente" Teu (2 CRÔNICAS 16:9).

ORAÇÃO *pelos filhos* PRÓDIGOS

Tu não estás apenas assistindo; na verdade, estás *comigo*.
Quando eu "[passar] pelas águas" de dias difíceis, tu prometeste: "Eu serei contigo".
Quando "pelos rios" — aqueles dias em que estamos totalmente afundados —, tu disseste: "eles não te submergirão".
Mesmo quando eu "[passar] pelo fogo" de julgamento ou tentação ou raiva, "não [me queimarei]" se ficar perto do Senhor
(ISAÍAS 43:2).
Tu prometeste estar sempre conosco (MATEUS 28:20)!
Ajuda-me a permanecer perto do Senhor de maneira que meu filho aprenda a seguir-te.
Permita-me caminhar humildemente contigo, sabendo ser um "[servo inútil]" e "[ter feito] apenas o que [devia] fazer"
(LUCAS 17:10).
Peço o Teu amor incondicional para que eu possa amar meu filho como tu o amas, Pai.
Que ele possa ver o Teu amor em mim e amar-te por isso, para todo o sempre.

DIA 25

Que a graça seja abundante no lar

Deus pode fazer-vos abundar em toda graça, a fim de que, tendo sempre, em tudo, ampla suficiência, superabundeis em toda boa obra. 2 CORÍNTIOS 9:8

Às vezes, não sinto que tenho muita graça, Pai.
Meu filho conhece exatamente os "botões" certos para apertar e, às vezes, até parece gostar de apertá-los.
Precisamos de mais graça em nosso lar, Senhor!
Tem havido tensão demais ultimamente. Às vezes, estamos tão concentrados em lidar com o negativo, que perdemos de vista as coisas positivas.
Ajuda-me a "em tudo, [dar] graças", porque isso é exatamente o que o Senhor quer que eu faça (1 TESSALONICENSES 5:18).
Ajuda-me a nunca perder de vista a verdade de que "a alegria do SENHOR" é a minha força (NEEMIAS 8:10).
Preciso ser cheio com a Tua alegria, Pai!
Não quero que meu filho veja a minha fé simplesmente como um conjunto de "permitidos e proibidos".
Desejo que ele te veja em mim!
Dá-me a graça de desenvolver todo o fruto do Seu Espírito: "amor, alegria, paz, longanimidade, benignidade, bondade, fidelidade, mansidão, domínio próprio" (GÁLATAS 5:22,23).
Oro para que tu concedas graça também a ele, Senhor.
Confio em Tua promessa de que tu podes "[fazer-nos] abundar em toda graça", "sempre, em tudo."
Ajuda-me a "[superabundar] em toda boa obra" (2 CORÍNTIOS 9:8), para que ele possa ver as minhas "boas obras e [glorificar]" o Senhor, Pai (MATEUS 5:16)!

ORAÇÃO *pelos filhos* PRÓDIGOS

Rogo por graça para discipliná-lo com o amor e a sabedoria que só tu podes dar, para que eu possa mostrar-lhe "o caminho da vida" (PROVÉRBIOS 6:23), porque a Tua Palavra diz que "o que o ama, cedo, o disciplina" (PROVÉRBIOS 13:24).
Ajuda-me a ter cuidado para "não [pôr] tropeço ou escândalo" em seu caminho (ROMANOS 14:13).
Louvo-te porque, pela plenitude da Tua graça, recebemos "graça sobre graça" (JOÃO 1:16).
Eu te louvo porque tenho tudo de que necessito (2 CORÍNTIOS 9:8)!
Ajuda-me a compartilhar essas bênçãos com meu filho em todas as maneiras, para que a Tua graça possa "[transbordar]" sobre ele juntamente com "a fé e o amor" (1 TIMÓTEO 1:14) que só o Senhor pode dar!

DIA 26

O Senhor prometeu!

*E disseste: Certamente eu te farei bem e dar-te-ei
a descendência como a areia do mar, que, pela multidão,
não se pode contar.* GÊNESIS 32:12

Obrigado por Jacó, Senhor. Ele te lembrou das promessas que lhe fizeste, e tu o abençoaste por isso!
A ousadia dele me lembra que tu também queres que eu ore as Tuas promessas.
As Tuas promessas edificam a minha fé e me dão esperança.
Elas me ajudam a me lembrar da Tua bondade e me dão força para continuar.
A Tua Palavra deixa claro que as Tuas promessas são confiáveis: "Deus não é homem, para que minta; nem filho de homem, para que se arrependa. Porventura, tendo ele prometido, não o fará? Ou, tendo falado, não o cumprirá?" (NÚMEROS 23:19).
Tu cumpres as Tuas promessas!
É impossível que tu mintas, pois tu és absolutamente perfeito.
A Tua Palavra é repleta de promessas que desejo orar repetidas vezes, especialmente por meu filho.
Como Jacó, eu quero orar o que "disseste". Afinal, tu *prometeste*!
Tu disseste: "E tudo quanto pedirdes em meu nome, isso farei, a fim de que o Pai seja glorificado no Filho. Se me pedirdes alguma coisa em meu nome, eu o farei" (JOÃO 14:13,14).
Eu sei que se minha filha entregar o seu coração ao Senhor, isso glorificará o Pai; por isso, peço em Teu nome, Senhor Jesus, que ela o faça!
Também me dizes para ter fé ao orar.
Disseste: "Tudo quanto em oração pedirdes, crede que recebestes, e será assim convosco" (MARCOS 11:24).

ORAÇÃO *pelos filhos* PRÓDIGOS

Creio que ela voltará as costas ao mundo e receberá o Senhor, porque é Tua promessa responder à oração!
Eu me firmo nessa promessa contida na Tua Palavra: "Crê no Senhor Jesus e serás salvo, tu e tua casa" (ATOS 16:31).
Anseio pelo dia em que todos os membros de minha família, juntos, louvarão ao Senhor.
Creio em que é totalmente possível tu realizares isso, e me apego à Tua promessa de que "tudo é possível ao que crê" (MARCOS 9:23)!
Obrigado por eu poder confiar em Tua palavra porque tu és confiável.
Tu disseste acerca da Tua Palavra: "não voltará para mim vazia, mas fará o que me apraz e prosperará naquilo para que a designei" (ISAÍAS 55:11).
Eu sei que tu me deste a Tua Palavra para que eu possa preencher meu coração e minha vida com ela.
Eu "[confiarei] na tua palavra" (SALMO 119:42) e também no Senhor!
Ajuda-me a "[examinar] as Escrituras" (JOÃO 5:39) para conhecer-te melhor e amar-te mais.
Então, continuarei a encontrar promessas para orar; louvar-te-ei ainda mais quando tu as cumprires!

DIA 27

Obrigado

*Herança do S*ENHOR *são os filhos;*
o fruto do ventre, seu galardão.

SALMO 127:3

Não penso ter dito "obrigado" o suficiente ultimamente, Senhor.
A Tua Palavra me lembra de que os filhos são uma bênção do Senhor; eu levo isso a sério.
Gostaria de agradecer-te mais uma vez pela bênção de meu filho.
Ele é Tua própria criação, linda e única.
Nunca haverá alguém exatamente como ele.
Louvo-te por ele ter sido de "modo assombrosamente maravilhoso [formado]; as tuas obras são admiráveis, e a minha alma o sabe muito bem" (SALMO 139:14).
Agradeço-te pelas boas características de meu filho.
Agradeço-te até mesmo pela força de vontade dele e anseio pelo dia em que ela será usada para servir-te com dedicação e determinação.
Agradeço-te pelas coisas que, às vezes, considero que me são devidas: as bênçãos de saúde, alimentos e um teto sobre nossas cabeças.
Embora, no momento, os tempos sejam desafiadores, não quero parar de dizer obrigado.
A Tua Palavra me diz: "Em tudo, dai graças, porque esta é a vontade de Deus em Cristo Jesus para convosco" (1 TESSALONICENSES 5:18).
Agradeço-te especialmente por Tua paciência com meu filho e comigo.
Ajuda-me a "[ter] por salvação a longanimidade de nosso Senhor" (2 PEDRO 3:15).

ORAÇÃO *pelos filhos* PRÓDIGOS

Embora meu filho ainda não tenha voltado seu coração ao Senhor, agradeço-te porque tu ainda o aguardas, ainda o toleras e estendes Tua mão.
Ó Pai, oro para que a Tua salvação venha em breve! Obrigado, Pai, pela esperança da Tua salvação. Obrigado pela maravilha e beleza de tudo que tu és.
Tua paciência comigo e com meu filho me dá motivo para esperança.
Embora outros possam duvidar de que tu estás próximo, eu me apego a ti e confio em ti.
Obrigado, Pai, pela bondade que tens nos demonstrado de tantas maneiras!
A Tua bondade nunca termina: "São muitas [...] as maravilhas [...] e também os teus desígnios para conosco; ninguém há que se possa igualar contigo. Eu quisera anunciá-los e deles falar, mas são mais do que se pode contar" (SALMO 40:5).
És sempre fiel: "Deus é fidelidade, e não há nele injustiça" (DEUTERONÔMIO 32:4).
Obrigado por Tua promessa de que "os montes se retirarão, e os outeiros serão removidos; mas a [tua] misericórdia não se apartará de [mim]" (ISAÍAS 54:10).
"Como é preciosa, ó Deus, a tua benignidade!" (SALMO 36:7).
Agradeço-te pela bênção de um filho a quem amo muito, e louvo-te porque tu o amas ainda mais do que eu.
"Mostra-nos, SENHOR, a tua misericórdia e concede-nos a tua salvação" (SALMO 85:7).

DIA 28

Abençoado sem saber

*Despertado Jacó do seu sono, disse:
Na verdade, o S*ENHOR *está neste lugar, e eu não o sabia.*

GÊNESIS 28:16

Tu nunca deixas de me surpreender.

Houve muitas vezes em que, sem eu saber, tu estiveste agindo na vida de meu filho.

Eu gostaria de agradecer-te por esses momentos, Pai, especialmente pelos que eu não tenho consciência de estarem acontecendo agora.

Tu disseste a Nicodemos: "O vento sopra onde quer, ouves a sua voz, mas não sabes donde vem, nem para onde vai; assim é com todo o que é nascido do Espírito" (JOÃO 3:8).

Ó, Pai, tu ages de maneiras que eu poderei não ver duranteanos.

Nada escapa a ti — ouviste minhas orações por meu filho e estás respondendo amorosamente.

Tua fidelidade me faz querer orar muito mais.

Louvo-te por saber que nunca cessas de agir.

Tu nem te cansas, nem te fatigas e não se pode esquadrinhar o teu entendimento (ISAÍAS 40:28).

É bom lembrar isso quando me sinto desanimado!

Meu filho só conseguirá fugir do Senhor durante algum tempo, porque "...os jovens se cansam e se fatigam, e os moços de exaustos caem..." (ISAÍAS 40:30).

Resgata-o, Senhor! Está presente quando ele cair de joelhos e clamar por ti.

Agradeço-te porque estarás lá para levantar e abraçá-lo, exatamente como eu costumava fazer quando ele caía quando menino.

ORAÇÃO *pelos filhos* PRÓDIGOS

Fala a ele docemente que seu pecado "está [perdoado]" (ISAÍAS 40:2) e leva-o para o Seu lar.

Tu és capaz alcançá-lo de maneiras que eu não posso imaginar, Pai.

Tu fazes "grandes coisas, que nós não compreendemos" (JÓ 37:5). Em quantas bênçãos eu não pensei?

Como és maravilhoso! "Como é grande a tua bondade, que reservaste aos que te temem" (SALMO 31:19)!

Assim como Jacó, que percebeu que a Tua presença o cercava, oro para que despertes meu filho para a beleza da Tua presença.

Permite que ele te ouça dizer: "Eu estou contigo, e te guardarei por onde quer que fores" (GÊNESIS 28:15).

Como fizeste comigo, leva-o ao entendimento de que a Tua bênção se estende muito além do que ele jamais poderia imaginar, e permite que ele te louve por ela para sempre.

Notas:

SEMANA 5

A maca da fé

Vendo-lhes a fé, Jesus disse ao paralítico:
Filho, os teus pecados estão perdoados.

MARCOS 2:5

Minha mãe tinha o dom espiritual da fé (1 CORÍNTIOS 12). Quando eu era adolescente, poucas coisas me incomodavam mais do que isso.

— Apenas confie em Deus, me dizia. Ele cuidará de você.

Às vezes, ela sorria e começava a cantar, terminando seus pensamentos com um hino.

Aquilo costumava me fazer subir pelas paredes. Ainda consigo ouvir meus protestos ao sair batendo os pés:

— Não é assim tão simples, mãe!

Mas, para ela era. Ela sabia que Deus é fiel. Ele sempre cuidara dela. Durante a Grande Depressão, quando seu pai morreu jovem, e durante a Segunda Guerra Mundial e a Guerra da Coreia, quando meu pai esteve em perigo constante, minha mãe se agarrou à fé e Deus a sustentou.

Mamãe teve a doença de *Alzheimer* em seus anos finais. Papai havia cuidado dela até ele morrer; então, ela veio morar conosco e eu até precisar de cuidados adicionais. Naqueles dias, houve bênçãos como nunca víramos antes. Embora ela tivesse se esquecido de muitas coisas, os hinos que tanto amava permaneceram. Às vezes, eu cantava para ela e mamãe se lembrava das letras com surpreendente clareza e cantava comigo.

Quando papai morreu, a família concordou em vender a casa dos meus pais para financiar as necessidades de cuidados prolongados de mamãe. Meu pai havia comprado a casa totalmente mobiliada numa promoção de imóveis quando eu estava na sétima série; devido a mamãe estar enfrentando uma doença que duraria vários anos e ao dinheiro ser limitado, todo o conteúdo da casa seria avaliado e vendido.

Mais uma vez, Deus auxiliou mamãe. Na avaliação, duas pinturas foram descobertas. Elas eram obras de Granville Redmond, um artista impressionista da Califórnia. Foram vendidas juntas em leilão por mais de quatrocentos mil dólares, o necessário para os cuidados de mamãe até o fim de seus dias.

Mesmo quando o *Alzheimer* atacou sua mente e sua memória, Deus lhe mostrou Sua fidelidade por meio daquelas pinturas, de uma maneira que nunca esquecerei. Aquilo me transformou. Às vezes, posso ouvir as próprias palavras de minha mãe saindo de minha boca para meus próprios filhos: "Apenas confie em Deus. Ele cuidará de você."

A fé precisa ser aprendida e ensinada. Os pais de filhos pródigos precisam orar para que sua fé seja evidente aos seus filhos. Os filhos precisam observar seus pais crendo ativamente e ver a fé de seus pais ser expressada.

Marcos e Lucas contam uma história impressionante de Jesus "pegando as pessoas no ato" da fé. Quatro homens levaram um amigo paralítico para que Jesus o curasse. Quando eles não conseguiram abrir caminho através da multidão, subiram no telhado da casa onde Jesus estava ensinando, removeram parte da cobertura e baixaram o homem "diante de Jesus" (LUCAS 5:19). Marcos e Lucas escrevem que, "vendo-lhes a fé", Jesus curou o amigo deles (MARCOS 2:5, LUCAS 5:20).

Perceba que Marcos e Lucas mencionam mais do que apenas a fé do homem que foi curado. Jesus viu a fé dos amigos dele.

Quando o homem estava paralisado e pouco podia fazer por si mesmo, a fé ativa daqueles à sua volta fez toda a diferença.

Quando oramos por nossos filhos pródigos, nós os carregamos até Jesus em macas de fé. Nós fazemos o trabalho pesado, mas eles recebem o benefício. Eles podem ser totalmente passivos ou até mesmo nos resistir ativamente, mas Jesus vê a nossa fé quando os levamos a Ele.

Jim Cymbala escreve em seu livro *Vento renovado, fogo renovado* (Editora Vida, 2002), acerca do retorno de sua filha Chrissy após um longo período de prodigalidade. Certa noite de terça-feira, Deus moveu a igreja em que ele serve (*The Brooklyn Tabernacle*) para interceder fervorosamente por sua filha. Ele chegou a casa naquela noite e disse à sua esposa: "Acabou-se o problema da Chrissy. Você precisaria ter ido à reunião de oração esta noite. Eu lhe digo que, se há um Deus no céu, todo esse pesadelo finalmente terminou."

Dois dias depois, sua filha voltou para casa, para sua família e para Deus. Ela perguntava repetidamente: "Papai... quem estava orando por mim? Quem estava orando por mim?"

Naquela noite de terça-feira, Deus se moveu em sua alma e lhe mostrou que ela estava se encaminhando para a destruição, mas o tempo todo afirmando Seu amor por ela. De alguma maneira, ela sabia que Ele havia usado as fervorosas orações de Seu povo para trazê-la de volta a Ele.

Nossos filhos pródigos necessitam desesperadamente de nós para levá-los a Jesus na maca da oração. Mesmo que eles não tenham fé, Cristo verá a nossa. E eles serão abençoados por isso.

A grande batalha de nossa vida espiritual é: "Você crerá?", e não: "Você se empenhará mais?" ou "Você pode tornar-se digno?" Essa é, inequivocamente, uma questão de crer que Deus fará o que somente Ele pode fazer. JIM CYMBALA

DIA 29

Arrebatado do fogo

E compadecei-vos de alguns que estão na dúvida; salvai-os, arrebatando-os do fogo. JUDAS 22,23

Ele vem brincando com fogo, Senhor, e nem sequer sabe disso.
Acha que está "se divertindo" ao fazer tudo que quer.
Não percebe que "Há caminho que ao homem parece direito, mas ao cabo dá em caminhos de morte" (PROVÉRBIOS 14:12).
Pai, o pensamento de meu filho estar em qualquer lugar próximo ao "inferno de fogo" (MATEUS 18:9) é quase doloroso demais para eu suportar.
Mas, por estar protegido pelo Teu poder (1 PEDRO 1:5), eu enfrentarei esse medo e buscarei meu filho com esta oração.
Peço que tu me uses da maneira que desejares para salvar meu filho. O que for preciso, Senhor!
Deus, ajuda-me a arrebatá-lo "do fogo".
Não posso fazer isso sozinho. Mas "tudo posso naquele que me fortalece" (FILIPENSES 4:13)!
Obrigado por eu não estar sozinho nisso, Senhor. Dependo da Tua força.
Vamos atrás dele juntos, porque tu estás "comigo como um poderoso guerreiro" (JEREMIAS 20:11).
Os inimigos que enfrentamos podem ser muitos.
Mas eu me lembro de que, no passado, o Seu povo orou em uma batalha: "Não sabemos nós o que fazer; porém os nossos olhos estão postos em ti" (2 CRÔNICAS 20:12).
Recorro a ti pela salvação de meu filho e para que o Senhor derrote todos os inimigos.
Repreende o adversário, Senhor (ZACARIAS 3:2)!

ORAÇÃO *pelos filhos* PRÓDIGOS

A Tua Palavra diz que os filhos dos cristãos "são santos"
(1 CORÍNTIOS 7:14).

Eu sei que meu filho ainda precisa se voltar ao Senhor para ser salvo, mas também sei que o adversário pisa em solo santo para perseguir meu filho e tem como alvo alguém a quem nós dois amamos.

Senhor Jesus, quando Pedro confessou: "Tu és o Cristo, o Filho do Deus vivo" (MATEUS 16:16), o Senhor respondeu que "...as portas do inferno não prevalecerão contra..." essa confissão (MATEUS 16:18).

Eu também o confesso como Senhor!

Quebra aquelas portas, Senhor! Resgata meu filho do fogo enquanto ainda há tempo!

Oro para que meu filho se arrependa de seus pecados e o confesse como seu Senhor e Salvador hoje.

Que hoje seja o tempo do Teu favor.

Que hoje seja "o dia da salvação" (2 CORÍNTIOS 6:2)!

DIA 30

Um coração mais brando

Dar-vos-ei coração novo e porei dentro de vós espírito novo; tirarei de vós o coração de pedra e vos darei coração de carne.

EZEQUIEL 36:26,27

Pai, eu li como tu "[endureceste] o coração de Faraó" (ÊXODO 14:8) para libertar o Teu povo.
Como tu endureceste o coração dele para abençoar o Teu povo, posso pedir-te para amoleceres o coração de meu filho?
Tu prometes em Tua Palavra: "Dar-vos-ei coração novo e porei dentro de vós espírito novo".
Que bênção isso seria para o meu filho!
Oro para que tu te movas no coração dele hoje de uma maneira nova e poderosa.
O coração dele foi "endurecido pelo engano do pecado" (HEBREUS 3:13), mas não foi sempre assim.
Houve um tempo em que ele era aberto a ti. Ele recebeu o Senhor e o Teu amor estava agindo nele lindamente.
Mas a sua fé foi "[sufocada]" por este mundo (LUCAS 8:7).
"Os cuidados, riquezas e deleites da vida" o desencaminharam e o impediram de fortalecer-se em ti (LUCAS 8:14).
"Contigo, porém, está o perdão" (SALMO 130:4).
Ainda há esperança para ele; eu te louvo por isso!
Assim como Salomão orou para que o Senhor convertesse os corações dos israelitas a ti (1 REIS 8:58), que o Senhor converta também o coração do meu filho a ti!
Oro para que ele não mais "[coxeie]" entre dois pensamentos" (1 REIS 18:21), mas ame o Senhor de todo coração.
Eu sei que, quando ele se converter a ti, tu o receberás, porque esse é o Teu desejo!

ORAÇÃO *pelos filhos* PRÓDIGOS

Dá-lhe um "espírito novo" (EZEQUIEL 11:19).

"[Tira]" dele o "coração de pedra e [dá]" a ele um "coração de carne" (EZEQUIEL 36:26).

Então, permita que Tua graça seja com o espírito dele, Senhor Jesus (FILEMOM 1:25), e que ele possa saber que o Teu nome pode ser invocado (SALMO 75:1).

Que ele possa confiar que tu "não nos [desampararás] e não nos [deixarás]" (1 REIS 8:57).

Oro para que ele ande em todos os Teus caminhos, para te amar e servir de todo o seu coração e de toda a sua alma (DEUTERONÔMIO 10:12).

Permite que o coração dele seja "firme [...], ó Deus" (SALMO 57:7).

Permite que cada novo dia lhe traga esperança da "tua graça" (SALMO 143:8).

O coração dele está em Tuas mãos, Pai, e o meu também.

Anseio por vê-lo pleno do Teu amor, Senhor, e sei que tu também o esperas.

Oro para que ele entregue o seu coração a ti hoje!

DIA 31

Todo aquele

Porque Deus amou o mundo de tal maneira que deu o seu Filho unigênito, para que todo aquele que nele crê não pereça, mas tenha a vida eterna. JOÃO 3:16 (ARC)

"Todo aquele".

Obrigado por incluíres essas palavras em João 3:16, Senhor. Amo o seu significado.

Ela me diz que, independentemente do que fizemos, se formos ao Senhor e "confessarmos os nossos pecados", tu és "fiel e justo para nos perdoar os pecados e nos purificar de toda injustiça" (1 JOÃO 1:9).

Isso significa que minha filha pode encontrar perdão.

Embora outros possam excluí-la pelas coisas que fez, se ela se voltar ao Senhor, Tu a receberás. Isso é tudo que importa.

"Todo aquele"! Essas palavras me dão muita esperança.

Jesus, eu te louvo pelo que tu fizeste por nós. Devido à "alegria que lhe estava proposta", tu suportaste "a cruz, não fazendo caso da ignomínia, e está assentado à destra do trono de Deus" (HEBREUS 12:2).

Isso significa que somos parte dessa alegria? Com certeza!

Tu disseste que o motivo da Tua vinda foi "buscar e salvar o perdido" (LUCAS 19:10).

Tu disseste também que, se te seguirmos com obediência, Tua alegria estará em nós e nossa alegria será completa (JOÃO 15:11).

Eu quero muito que minha filha conheça a Tua alegria, Senhor!

Nada se iguala a conhecer o Senhor.

Oro para que ela venha a entender que tem, dentro de si, um vazio que só tu podes preencher.

Ela tenta preenchê-lo com prazeres e distrações, mas eles só a
deixam à procura de mais.
Pai, peço hoje que mostres novamente a ela quanto tu a amas.
Tu a amas tanto, que deu o Teu "Filho unigênito"!
Atravessa as distrações dela e mostra-lhe a inutilidade de seguir
por seu próprio caminho e viver afastada de ti.
Lembra-a que quem o fizer "perecerá", pois "o salário do pecado é
a morte, mas o dom gratuito de Deus é a vida eterna em Cristo
Jesus" (ROMANOS 6:23).
Eu oro por vida para a minha filha, Senhor!
Usa esta oração em sua "missão de busca e salvamento" para
levá-la até a segurança do Teu amor. E *usa-me*, Pai, de
qualquer maneira que desejares.
Sei que tu me deste minha filha por esse motivo — não só para a
bênção pessoal, terrena de ser pai, mas porque tu queres me
usar para a salvação da alma eterna dela.
Independentemente do que ela fez, tu ainda a amas com amor
surpreendente; eu te agradeço porque tu responderás a todas
as orações por ela "segundo a riqueza das tuas misericórdias"
(SALMO 69:16).

DIA 32

Uma atitude melhor

[Fostes instruídos] no sentido de que, quanto ao trato passado, vos despojeis do velho homem, que se corrompe segundo as concupiscências do engano, e vos renoveis no espírito do vosso entendimento, e vos revistais do novo homem, criado segundo Deus, em justiça e retidão. EFÉSIOS 4:21-24

Quando ela se olha no espelho, Pai, o que ela vê? Vê apenas o que está no exterior? Ajuda-a a olhar mais além da superfície, Senhor.

Dá-lhe graça para olhar para além de seu reflexo físico, para dentro de seu coração.

Ela precisa de uma nova atitude, Senhor. Precisa do encorajamento que só pode resultar de "fé e esperança" no Senhor (1 PEDRO 1:21).

Oro para que tu a ajudes a "despojar-se" de seu antigo eu, "que se corrompe segundo as concupiscências do engano", e floresça na pessoa que tu anseias que ela seja.

Senhor, gera uma "transformação completa" no interior dela!

Que ela seja "renovada em sua mente", para que anseie a vida de uma maneira totalmente inédita.

Ajuda-a a compreender que, com Teu poder e amor agindo em seu coração e mente, seu "novo eu" será a pessoa que tu pretendias que ela fosse o tempo todo, "criada segundo" a Tua vontade.

Louvo-te, Pai, porque tu amas minha filha, e a amas demais para deixá-la como está.

Tu queres que ela seja transformada à Tua semelhança (2 CORÍNTIOS 3:18), uma filha do "Rei da glória" (SALMO 24:10)!

ORAÇÃO *pelos filhos* PRÓDIGOS

Que não haja dúvida quanto à semelhança de família: que tudo nela lembre aos outros do Senhor!

Obrigado, Jesus, por teres te tornado semelhante a nós "em todas as coisas" (HEBREUS 2:17), para que pudéssemos ser transformados à tua imagem.

Obrigado, Jesus, por teres compartilhado nossa humanidade, para que, por Tua morte, destruísses "aquele que tem o poder da morte [...] e livrasse todos [cujas] vidas estavam [sujeitas] à escravidão" (HEBREUS 2:14,15).

Torna minha filha livre, Senhor!

Livre para amar-te e livre para viver!

Livre para arrepender-se dos pecados e ter um novo começo.

Livre para alcançar seu pleno potencial e ser uma bênção para outros.

Livre para, algum dia, correr descalça na Nova Jerusalém (APOCALIPSE 21:2), porque "[nasceu] de novo" no Senhor (JOÃO 3:3)!

DIA 33

Amigos e o Amigo

O homem que tem muitos amigos sai perdendo; mas há amigo mais chegado do que um irmão. PROVÉRBIOS 18:24

Oro por meu filho, Senhor. Ele precisa de sabedoria para escolher seus amigos.

Precisa de bons amigos, Pai. Amigos que conheçam o Senhor e tenham uma fé sincera, que serão fiéis a ti e a ele, e que "[desprezarão] o mal e [escolherão] o bem" (ISAÍAS 7:15).

Oro para que tu o protejas contra amigos que o levariam a desviar-se, porque "as más conversações corrompem os bons costumes" (1 CORÍNTIOS 15:33).

Dá a meu filho a força para "não [se pôr a] caminho com eles" (PROVÉRBIOS 1:15).

Rogo por amigos que sejam atraídos pelas boas qualidades dele e que o incentivem a desenvolvê-las.

Por amigos que terão amor por "tudo o que é verdadeiro, tudo o é respeitável, tudo o que é justo, tudo o que é puro, tudo o que é amável, tudo o que é de boa fama" (FILIPENSES 4:8).

Tu sabes que ele tem amigos aos quais eu não aprecio, Pai. Mas também sei que tu os amas, independentemente de quão longe do Senhor eles possam estar.

Então, oro pelos amigos de meu filho que precisam conhecer-te. Salva-os, Senhor! E que a obra do Teu Espírito na vida deles aproxime também de ti o coração de meu filho.

Tu és o "amigo mais chegado do que um irmão".

Prometeste: "não te deixarei, nem te desampararei" (JOSUÉ 1:5).

Disseste: "...eu o fiz, e eu vos levarei, e eu vos trarei e vos guardarei" (ISAÍAS 46:4 ARC).

Ele precisa ser resgatado, Senhor, e somente tu és capaz de fazê-lo.

Ajuda-o a compreender que ele necessita de um amigo como o Senhor acima de tudo, e a voltar-se a ti com todo o seu coração.

Obrigado por ser meu amigo, Pai. "A tua graça é melhor do que a vida" (SALMO 63:3).

"Porque tu me tens sido auxílio; à sombra das tuas asas, eu canto jubiloso" (SALMO 63:7).

Estou ansioso pelo que tu farás na vida do meu filho e na vida de seus amigos.

"Dar-te-ei graças para sempre, porque assim o fizeste" (SALMO 52:9), porque "ouviste a minha súplice voz, quando clamei por teu socorro" (SALMO 31:22).

"Grande é a tua fidelidade" (LAMENTAÇÕES 3:23)!

DIA 34

Inocência encontrada

Vinde, pois, e arrazoemos, diz o Senhor; ainda que os vossos pecados sejam como a escarlata, eles se tornarão brancos como a neve; ainda que sejam vermelhos como o carmesim, se tornarão como a lã. ISAÍAS 1:18

Eu te louvo, Senhor, porque tu és a inocência encontrada. O Senhor é "o Cordeiro de Deus, que tira o pecado do mundo!" (JOÃO 1:29).
O Senhor é o "cordeiro sem defeito" (1 PEDRO 1:19).
Tuas obras são "perfeitas" e todos os Teus "caminhos são juízo".
Tu és "fidelidade, [sem] injustiça" (DEUTERONÔMIO 32:4).
Tu és ausência de pecado e sabedoria juntos, perfeição absoluta!
Senhor Jesus, como tu poderias ser "tentado em todas as coisas, à nossa semelhança, mas sem pecado" (HEBREUS 4:15). Isso me espanta e me faz querer adorá-lo muito mais.
Tu não és apenas totalmente sem pecado, mas também nos restaura a inocência porque "pode salvar totalmente os que por [Teu intermédio] se chegam a Deus" (HEBREUS 7:25).
Minha filha precisa ser salva completamente, Senhor.
Ela necessita do presente do Teu perdão e do cancelamento de sua culpa.
Ninguém pode remover a mancha do pecado como o Senhor para que possamos ser "libertos do pecado" (ROMANOS 6:22) e "regenerados" (1 PEDRO 1:23) para uma vida totalmente nova!
Tu prometes: "Ainda que os vossos pecados sejam como a escarlata, eles se tornarão brancos como a neve".
Pai, oro para que o Senhor e minha filha "reflitam juntos" e que ela anseie pela inocência que tu concedes gratuitamente.
Que ela peça e encontre o Teu pleno perdão.

Permite-lhe ouvir-te dizer, no fundo de seu ser: "Eu, eu mesmo, sou o que apago as tuas transgressões por amor de mim e dos teus pecados não me lembro" (ISAÍAS 43:25).

Permite que ela "[seja protegida] das corrupções das paixões que há no mundo" (2 PEDRO 1:4) e seja lavada, santificada e justificada "em o nome do Senhor Jesus Cristo e no Espírito" (1 CORÍNTIOS 6:11).

Pelo Teu Espírito, que ela ouça em seu coração a esperança que tens para ela: "Não vos lembreis das coisas passadas, nem considereis as antigas. Eis que faço coisa nova" (ISAÍAS 43:18,19).

Tu és o Deus de novos começos!

Podes colocar os pés dela em um novo caminho!

"Os caminhos tortuosos serão retificados, e os escabrosos, aplanados"! (LUCAS 3:5). Torna isso possível, Senhor!

Que ela seja parte da noiva de Cristo, "sem mácula, nem ruga, nem coisa semelhante, porém santa e sem defeito" em todos os sentidos (EFÉSIOS 5:27)!

Pai amoroso, que o Teu presente de inocência seja dela hoje!

DIA 35

O Senhor passou por isso

Quando ia chegando, vendo a cidade, chorou e dizia: Ah! Se conheceras por ti mesma, ainda hoje, o que é devido à paz! Mas isto está agora oculto aos teus olhos.
LUCAS 19:41,42

Tu passaste por isso, não foi, Senhor Jesus?
Sabes como é olhar com anseio aqueles a quem amamos, esperando e orando para que eles voltem seu coração ao Pai.
Tu choraste por Jerusalém mais de uma vez, não foi?
Em outro momento, tu olhaste para a cidade e disseste: "Quis eu reunir os teus filhos, como a galinha ajunta os seus pintinhos debaixo das asas, e vós não o quisestes" (MATEUS 23:37).
Tu "[criaste] filhos e os [engrandeceste], mas eles estão revoltados contra" o Senhor (ISAÍAS 1:2).
Meu coração te busca, meu Pai. Tu sabes exatamente como me sinto em relação ao meu filho.
"Na tua presença, SENHOR, estão os meus desejos todos, e a minha ansiedade não te é oculta" (SALMO 38:9). Desejo essas coisas boas para ele!
Anseio para que ele te veja como és e conheça em seu coração a Tua profunda alegria.
Anseio para que ele encontre a paz que somente tu podes dar.
Mas assim como Jerusalém, no momento, ela "está agora [oculta] aos" olhos dele.
Se tenho tanto anseio por um filho, posso apenas começar a imaginar como tu te sentes sobre uma cidade inteira!
Tu entendes totalmente como é ter um filho pródigo.
Algumas pessoas não conseguem entender, porque não tiveram um filho pródigo.

Sinto a condenação nos olhares delas e o peso das palavras que elas não dizem.

Obrigado, Pai, porque não és assim.

Tu sabes o que é ter um mundo cheio de filhos pródigos e somente um filho que fez o que era certo — o Teu Filho, nosso Salvador!

Tu nos amas tanto, que "por todos nós o entregou" (ROMANOS 8:32)!

Eu te louvo porque o Senhor enviou o Seu "Filho ao mundo, não para que julgasse o mundo, mas para que o mundo fosse salvo por ele" (JOÃO 3:17).

Obrigado por não olhares meu filho com condenação, mas com amor.

Tu anseias que ele vá à Tua presença exatamente como o Senhor ansiou pelo povo de Jerusalém.

Tu anseias que ele vá a ti com profundidade, e eu não consigo entender isso.

Oro para que ele o faça, Pai, pelo Senhor e por ele.

Oro para que ele entenda que "eis, agora, o tempo" do Seu favor, "eis, agora, o dia da salvação" (2 CORÍNTIOS 6:2), e entregue o seu coração a ti plena e livremente!

Notas:

SEMANA 6

Apenas manda com uma palavra

Tendo Jesus entrado em Cafarnaum, apresentou-se-lhe um centurião, implorando: Senhor, o meu criado jaz em casa, de cama, paralítico, sofrendo horrivelmente. Jesus lhe disse: Eu irei curá-lo. Mas o centurião respondeu: Senhor, não sou digno de que entres em minha casa; mas apenas manda com uma palavra, e o meu rapaz será curado [...]. Ouvindo isto, admirou-se Jesus e disse aos que o seguiam: Em verdade vos afirmo que nem mesmo em Israel achei fé como esta [...]. Então, disse Jesus ao centurião: Vai-te, e seja feito conforme a tua fé. E, naquela mesma hora, o servo foi curado.

MATEUS 8:5-13

Quando estávamos no Ensino Médio, um de meus irmãos mais velhos tomou uma decisão da qual viria a se arrepender. Decidiu experimentar correr nu.

Numa ensolarada tarde de sábado, enquanto mamãe lia tranquilamente, ele reuniu seu irmão gêmeo e eu à porta da frente. Vestindo apenas uma toalha, ele explicou cuidadosamente o seu plano.

— Eu vou correr até a calçada e vocês ficam de olho na mamãe. Após eu contar até três, vocês correm até a outra porta e se certificam de que eu não entre desse jeito se ela estiver por perto. Entenderam?

Seu irmão gêmeo e eu acenamos com a cabeça, em concordância:
— OK!
— Um... dois... três... JÁ!
A toalha caiu.

Ele saltou para fora da porta.

E nós a trancamos atrás dele.

Nós não trancamos só *aquela* porta. Enquanto ele desfrutava de sua "caminhada naturista", trancamos todas as portas de acesso à casa. Dentro de um minuto, ele estava de volta e tentando abrir uma porta trancada.

As batidas na porta que se seguiram pareciam algo saído de uma parábola bíblica. Mas aquele barulho todo só fez as coisas piorarem. Fez-nos gritar ainda mais alto:

— MAMÃE, ALGUÉM ESTÁ À PORTA!

Mamãe *atendeu* à porta. Mas meu irmão nunca ficou de castigo por sua desventura. Penso que, após parar de rir, ela sentiu que a punição dada já estava à altura do delito.

Às vezes, nossos filhos confiam nas pessoas erradas e isso os põe em apuros. Mas nós encontramos um lindo exemplo de alguém confiável na história do centurião cujo servo estava enfermo (MATEUS 8:5-13).

Momentos após Jesus entrar em Cafarnaum, "apresentou--se-lhe um centurião, implorando" (MATEUS 8:5). Seu servo estava mortalmente enfermo, paralisado e sofrendo. Imediatamente, Jesus prometeu: "Eu irei curá-lo" (MATEUS 8:7).

A resposta do centurião foi surpreendente: "Senhor, não sou digno de que entres em minha casa; mas apenas manda com uma palavra, e o meu rapaz será curado" (MATEUS 8:8).

O centurião, responsável por pelo menos uma centena de soldados sob o seu comando, estava acostumado a dar ordens. Ele representava a autoridade de César sobre a província onde servia; desobedecê-lo era o mesmo que desafiar o imperador.

Ele viu o mesmo tipo de autoridade em Jesus. Só que a autoridade de Jesus vinha de Deus; o centurião sabia disso. Foi por isso que ele disse: "Não sou digno de que entres em minha casa".

Há apenas dois incidentes nas Escrituras onde Jesus é descrito como tendo ficado "admirado" (o outro foi com o povo de Sua cidade natal, em Marcos 6:6). Os dois casos tiveram a ver com fé. Em Sua cidade, foi a falta de fé que o admirou e impediu que Ele realizasse milagres.

Aqui, foi um gentio, um homem representando um exército de ocupação estrangeiro. Mas ele creu que Jesus poderia fazer à distância o que prometeu: "Apenas manda com uma palavra, e o meu rapaz será curado".

Aquele tipo de fé evocou uma resposta surpreendente de Jesus: "Vai-te, e seja feito conforme a tua fé".

Algo aconteceu ali que não devemos perder de vista. Em vez de fazer o que originalmente disse que faria, Jesus fez o que o homem cria que Ele poderia fazer. E Mateus registra que, "naquela mesma hora, o servo foi curado" (MATEUS 8:13).

O que você crê que Jesus pode fazer por seu filho (ou filha) pródigo? É fácil ficar desanimado e permitir que nossas circunstâncias moldem nossa fé (ou nossa falta de fé). Mas, e se atentarmos para a experiência do centurião com Jesus? E se crermos muito mais na grandeza e no poder do nosso Salvador? Apenas uma palavra do Senhor pode mudar para sempre a vida do nosso filho pródigo.

E se confiarmos mais em Jesus e crermos que Ele é "poderoso para fazer infinitamente mais do que tudo quanto pedimos ou pensamos" (EFÉSIOS 3:20)? Que transformações poderiam ocorrer na vida de nosso filho em decorrência disso?

Uma coisa é certa: Jesus ama esse tipo de fé.

Você não amaria deixar Jesus admirado?

Se nos quisessem devorar, demônios não contados.
Não nos podiam assustar, nem somos derrotados.
O grande acusador, dos servos do Senhor.
Já condenado está, vencido cairá, Por uma só palavra!

MARTINHO LUTERO, *CASTELO FORTE* (323 CC)

DIA 36

Pela quebra das cadeias

*Tirou-os das trevas e das sombras da morte
e lhes despedaçou as cadeias.*

SALMO 107:14

Tu quebraste tantas cadeias, Senhor!
Tu o fizeste para José na prisão (GÊNESIS 41:14).
Fizeste-o quando libertaste o Teu povo de Faraó (ÊXODO 12:51).
Tu o fizeste para Daniel (DANIEL 6:23), Sadraque, Mesaque e Abede-Nego (DANIEL 3:26).
Tiraste o Teu povo da Babilônia (ESDRAS 2:1).
Até enviaste um anjo a Pedro na prisão — "Então, as cadeias caíram-lhe das mãos" (ATOS 12:7).
Meu filho também tem suas cadeias, Senhor.
Elas não são feitas de ferro. Elas são feitas de pecados que ele forjou por seu livre-arbítrio, pensando que elas lhe trariam mais liberdade.
Esses pecados fizeram tudo, menos isso.
Eles só o impediram de se aproximar do Senhor.
Tu prometeste: "Se [...] o Filho vos libertar, verdadeiramente sereis livres" (JOÃO 8:36).
A Tua Palavra diz: "O SENHOR liberta os encarcerados" (SALMO 146:7).
Liberta-o, Senhor! Ele precisa de ti para romper as suas cadeias.
Rogo para ouvir o som de cadeias que caem com um ruído surdo, para nunca mais serem recolocadas.
Anseio ouvir meu filho dizer: "Grandes coisas fez o SENHOR por [mim]; por isso, [estou alegre]" (SALMO 126:3).
Anseio que ele diga ao Senhor: "Percorrerei o caminho dos teus mandamentos, quando me alegrares o coração" (SALMO 119:32).

ORAÇÃO *pelos filhos* PRÓDIGOS

Por favor, concede-lhe graça para compreender que a obediência ao Senhor é o melhor tipo de liberdade, porque ela o capacita a ser a pessoa que tu o criaste para ser.

Ajuda-o a ver que estar conformado ao padrão deste mundo (ROMANOS 12:2) é o pior tipo de escravidão: o "cativeiro da corrupção" (ROMANOS 8:21).

Pai, conheço apenas uma parte dos desafios que ele está enfrentando, mas tu conheces todos eles.

Peço que tu quebres as correntes dele, elo por elo, para que ele se volte a ti.

Rogo para que as coisas que, em algum tempo, o cativaram deixem de ser atraentes e que ele entenda que elas são o "laço do diabo" (1 TIMÓTEO 3:7).

Oro para que ele retorne à "sensatez, livrando-se [...] dos laços do diabo", que o fez cativo para cumprir a sua vontade (2 TIMÓTEO 2:26).

Tu libertaste a tantos, Pai! Peço que o Senhor faça o mesmo por meu filho.

Que ele possa dizer do Senhor: "Nele o meu coração confia, nele fui socorrido; por isso, o meu coração exulta" (SALMO 28:7).

Permite-lhe dar um salto, Senhor! Um salto de fé, diretamente das suas cadeias para ti.

DIA 37

Por uma resposta honesta

Como beijo nos lábios, é a resposta com palavras retas.
PROVÉRBIOS 24:26

Lembro-me de respostas honestas, Senhor.
Quando meu filho era pequeno, ele dizia as coisas com muita sinceridade.
Eu amava aqueles momentos! As perguntas inocentes que um adulto nunca faria, as afirmações "apenas dos fatos" que não deixavam espaço para dúvidas.
Oro por honestidade para meu filho, Pai. Ele vem lutando com isso ultimamente.
Ajuda-o a empenhar-se em manter sua "consciência pura diante de Deus e dos homens" (ATOS 24:16).
Suplico que tu o ajudes a compreender os danos que a desonestidade traz aos relacionamentos dele com os outros.
Ajuda-o a compreender o fato de que: "Quem anda em integridade anda seguro, mas o que perverte os seus caminhos será conhecido" (PROVÉRBIOS 10:9).
Pai, por favor, concede-lhe graça para querer ser um homem íntegro que pode olhar os outros nos olhos e "[falar] a verdade" (ZACARIAS 8:16).
Ajuda-me a ser honesto com ele e a resistir à tentação de comprometer a verdade, de qualquer maneira, simplesmente por ele não ter sido honesto comigo.
Peço que ele entenda que, para confiarem nele, ele precisa ser confiável.
Ele quer que eu confie nele. Oro para que tu o ajudes a enxergar a desconexão entre o que ele quer e as próprias atitudes.

ORAÇÃO *pelos filhos* PRÓDIGOS

Ajuda-o a tornar-se "[irrepreensível e sincero]", filho de Deus "[inculpável] no meio de uma geração pervertida e corrupta" (FILIPENSES 2:15).
Toca seu coração, Senhor, para que ele possa entender o que tu quiseste dizer com a afirmação: "Quem é fiel no pouco também é fiel no muito" (LUCAS 16:10).
Ajuda-o a ser honesto nas pequenas coisas tanto quanto nas grandes.
Sei que, às vezes, ele mente para mim por saber que eu reprovarei algo que ele fez.
Pai, por favor, ajuda-o a entender que, embora possa se esconder de mim, nunca poderá esconder-se do Senhor.
"Tu és Deus que vê" (GÊNESIS 16:13).
Tu "te comprazes na verdade no íntimo" (SALMO 51:6).
Tu nos disseste que temos de prestar conta de cada "palavra frívola" que falamos (MATEUS 12:36).
"Bem sei, meu Deus, que tu provas os corações e que da sinceridade te agradas" (1 CRÔNICAS 29:17).
Oro para que ele ande na verdade (3 JOÃO 1:3) e que a verdade viva nele (2 JOÃO 3).
Tu és a verdade (JOÃO 14:6) e "a tua palavra é a verdade" (JOÃO 17:17).
Oro para que ele "[conheça] a verdade" e a verdade o liberte (JOÃO 8:32) para que ele viva na Tua alegria eternamente.

DIA 38

Fora do caminho espaçoso

Entrai pela porta estreita (larga é a porta, e espaçoso, o caminho que conduz para a perdição, e são muitos os que entram por ela), porque estreita é a porta, e apertado, o caminho que conduz para a vida, e são poucos os que acertam com ela. MATEUS 7:13,14

Ela já viu o suficiente, Senhor.

Diversão suficiente para impactar negativamente sua perspectiva sobre a vida e levá-la a desviar-se do que é realmente viver.

Pai, clamo para que tu afrouxes a pressão da mídia sobre seu coração e sua mente.

Ajuda-a a ter cuidado com os filmes a que assiste e com a música que ouve.

Em vez das letras das canções populares que enchem sua cabeça, oro para que tu a ajudes a guardar a Tua Palavra no coração, "para não pecar contra ti" (SALMO 119:11).

Eu peço que tu abras os olhos dela para o vazio dos caminhos deste mundo.

Dá-lhe sabedoria para ver que quem vive para este mundo está vivendo para o "que não satisfaz" (ISAÍAS 55:2).

Permite que ela veja a superficialidade disso. Tira-a do foco em si mesma e permite que ela olhe para o Senhor.

Ajuda-a a entender não só como vivem aqueles que parecem "ter tudo", mas também como eles morrem: infelizes, não realizados, distantes do Senhor.

Leva-a ao lugar onde ela possa genuinamente perguntar: "Que aproveita ao homem ganhar o mundo inteiro e perder a sua alma?" (MARCOS 8:36).

O mundo ao redor dela idolatra atores, atrizes, modelos
e cantores.

Por favor, ajuda-a a enxergar a diferença entre fama e sucesso
verdadeiro.

Senhor Jesus, permite que ela olhe para ti como o modelo para a
sua vida.

"Quem [...] segue" o Senhor "não andará nas trevas; pelo
contrário, terá a luz da vida" (JOÃO 8:12).

Afasta os pés dela do caminho largo "que conduz para a perdição"
e leva-a em direção ao caminho estreito "que conduz para a
vida", o qual são poucos que encontram.

Permite que a vida dela reflita a Tua bondade, para que ela seja
transformada "de glória em glória, na sua própria imagem"
(2 CORÍNTIOS 3:18).

"Tudo o que é justo, tudo o que é puro, tudo o que é amável,
tudo o que é de boa fama" — ajuda-a a ser "isso o que ocupe
o [seu] pensamento".

Então, tu, "o Deus da paz", estarás com ela (FILIPENSES 4:8,9).

Peço para que ela venha a compreender que o verdadeiro
propósito da vida não é divertir-se, mas andar contigo
(APOCALIPSE 3:4).

Oro para que "o teu nome e [a] tua memória" se tornem "o desejo
da nossa alma", a minha e a dela, hoje e sempre! (ISAÍAS 26:8).

DIA 39

Domando a língua

Pois toda espécie de feras, de aves, de répteis e de seres marinhos se doma e tem sido domada pelo gênero humano; a língua, porém, nenhum dos homens é capaz de domar; é mal incontido, carregado de veneno mortífero. TIAGO 3:7,8

Senhor, a profanidade está em todos os lugares para onde ele se vira — nos estudos, no trabalho, em tantas formas de diversão — e, devido ao mundo achar isso aceitável, ele foi tentado a pensar da mesma maneira.

Oro para que tu o ajudes a compreender que o que sai da sua boca é mais do que "simples palavras".

"A boca fala do que está cheio o coração" (MATEUS 12:34).

Ajuda-o a ver que praguejar não o torna duro ou mais homem, e sim menos homem.

Isso te desonra e demonstra falta de caráter e autocontrole.

Isso imita o mundo e demonstra falta de criatividade.

Ajuda-o a ter mais cuidado com suas palavras, Senhor.

Tu nos disseste que "de toda palavra frívola que proferirem os homens, dela darão conta no Dia do Juízo" (MATEUS 12:36).

Peço que tu tornes a consciência dele sensível a toda palavra chula ou inadequada que ele ouve.

Faz-lhe ter repulsa delas, para que perca a atração por músicas, filmes ou amigos que atacam seus ouvidos.

Ajuda-o a não fazer concessões ao mundo. Concede-lhe graça para "[abster-se] de toda forma de mal" (1 TESSALONICENSES 5:22).

Lembra-lhe de que: "O homem bom tira do tesouro bom coisas boas; mas o homem mau do mau tesouro tira coisas más" (MATEUS 12:35).

Oro para que ele assuma um posicionamento em seu próprio coração e mente, e "[combata] o bom combate, mantendo a fé e boa consciência" (1 TIMÓTEO 1:18,19).
Ele é incapaz de fazer isso sozinho, Pai.
A Tua Palavra diz que nenhum homem pode domar a língua.
Mas tu podes. Podes enchê-lo com o Teu Espírito, se ele permitir.
E oro para que ele o permita!
Então, ele será capaz de "[despojar-se] de toda impureza e acúmulo de maldade, [acolhendo], com mansidão, a palavra [nele] implantada, a qual é poderosa para salvar [sua] alma" (TIAGO 1:21).
Então, "não [estará] na carne, mas no Espírito", porque "o Espírito de Deus habita [nele]" (ROMANOS 8:9).
Oro para que, em vez de uma torrente de palavras chulas, "do seu interior [fluam] rios de água viva" (JOÃO 7:38), porque ele crê no Senhor!

DIA 40

Fuja!

Fugi da impureza [...] Acaso, não sabeis que o vosso corpo é santuário do Espírito Santo, que está em vós, o qual tendes da parte de Deus, e que não sois de vós mesmos? Porque fostes comprados por preço. Agora, pois, glorificai a Deus no vosso corpo. 1 CORÍNTIOS 6:18-20

Tudo está à volta dele, Senhor.
Na internet, na TV, nas revistas e nas pessoas que ele encontra todos os dias.
A imoralidade sexual lhe estende sua garra venenosa em cada esquina.
A Tua Palavra nos diz que podemos "ficar firmes contra as ciladas do diabo" (EFÉSIOS 6:11).
Mas, no tocante à imoralidade sexual, ela nos diz para fugir!
Pai, por favor, concede-lhe a graça de ver o perigo e correr!
Ajuda-o a compreender que a imoralidade sexual ameaça à saúde do seu corpo e faz "guerra contra" a sua alma (1 PEDRO 2:11).
Ajuda-o a "fazer morrer" sua "natureza terrena: prostituição, impureza, paixão lasciva, desejo maligno e a avareza, que é idolatria".
Concede-lhe graça para compreender que "por estas coisas é que vem a ira de Deus" (COLOSSENSES 3:5,6) e que o Senhor "contra todas estas coisas [...] é o vingador" (1 TESSALONICENSES 4:6).
Clamo para que ele se volte a ti "com reverência e santo temor" (HEBREUS 12:28), "para que o [temor de Deus]" o impeça de pecar (ÊXODO 20:20).
Oro para que ele "saiba possuir o próprio corpo em santificação e honra" (1 TESSALONICENSES 4:4).

ORAÇÃO *pelos filhos* PRÓDIGOS

Ajuda-o a desviar o olhar, sabendo que "qualquer que olhar para uma mulher com intenção impura, no coração, já adulterou com ela" (MATEUS 5:28).
Quando a tentação disser "Deita-te comigo" (GÊNESIS 39:12), faz-lhe fugir e não olhar para trás.
Ensina-lhe o valor inestimável da inocência e da pureza, Pai.
Ajuda-o a apreender que "os injustos não herdarão o reino de Deus" (1 CORÍNTIOS 6:9).
Oro para que ele entenda que luxúria não é amor, e que o amor é um dom criado por ti.
Uma vez que tu criaste o amor, oro para que ele te honre com o amor.
Independentemente dos erros que ele cometeu, por favor, concede-lhe graça para ver que a Tua bondade o "conduz ao arrependimento" (ROMANOS 2:4).
Ele pode ter um recomeço contigo!
Purifica seu templo e preencha-o com o Teu Espírito Santo (1 CORÍNTIOS 6:19).
Que não haja dúvida de que ele pertence ao Senhor, corpo e alma, porque tu o "[compraste] por preço" (1 CORÍNTIOS 6:20).
Que o preço do Teu corpo, dado por ele, lhe dê toda inspiração para entregar o seu corpo a ti.

DIA 41

Por libertação do abuso de drogas

Acautelai-vos por vós mesmos, para que nunca vos suceda que o vosso coração fique sobrecarregado com as consequências da orgia, da embriaguez e das preocupações deste mundo.

LUCAS 21:34

Ele não está sendo cuidadoso, Senhor.
O coração dele está "sobrecarregado com as consequências da orgia, da embriaguez e das preocupações deste mundo", e ele sequer sabe disso.
Ele cedeu à mensagem do mundo de que está "se divertindo", mas não está.
Complicou sua vida de maneiras dolorosas de se ver.
"Para quem são os ais? Para quem, os pesares? Para quem, a rixas? Para quem, as queixas? Para quem, as feridas sem causa? E para quem, os olhos vermelhos? Para os que se demoram em beber vinho, para os que andam buscando bebida misturada" (PROVÉRBIOS 23:29,30).
Tem havido relutância demais, Senhor. Ele gosta demais dessa vida.
E "ao cabo morderá como a cobra e picará como o basilisco" (PROVÉRBIOS 23:32).
Mas eu te louvo, Pai. Tu és o único que dizes que "aos presos: Saí, e aos que estão em trevas: Aparecei" (ISAÍAS 49:9).
Chama-o para fora, Senhor! Fora da escuridão, fora das consequências da orgia, fora de qualquer abuso de substâncias ou drogas e de relacionamentos que contribuem para essas coisas.
Posso vê-lo liberto, Senhor. Resplandecendo da cabeça aos pés, sorridente e forte, um exemplo vivo de Tua bondade e amor.

ORAÇÃO *pelos filhos* PRÓDIGOS

Ele já passou tempo suficiente fazendo o que os incrédulos gostam de fazer (1 PEDRO 4:3).

Liberta-o, Pai!

Eu sei que ele tem de querer ser livre. Por isso, peço-te para abrir os olhos dele para ver as consequências de seus atos, e deixá-lo ansiar por algo mais.

Faz que ele tenha "fome e sede de justiça", porque, então, ele "será farto" e abençoado (MATEUS 5:6)!

Faz-lhe "[encher-se] do Espírito" (EFÉSIOS 5:18), porque "onde está o Espírito do Senhor, aí há liberdade" (2 CORÍNTIOS 3:17).

Jesus, o Senhor veio para "proclamar libertação aos cativos e pôr em liberdade os algemados" (ISAÍAS 61:1).

Ajuda meu filho, Senhor — ele é um prisioneiro de seus vícios.

Oro para que ele seja "[redimido] para a liberdade da glória dos filhos de Deus" em todos os sentidos (ROMANOS 8:21)!

Eu te agradeço porque tu és totalmente capaz de fazer isso, Pai.

Tu és capaz de guardá-lo "de tropeços e [apresentá-lo] com exultação, [imaculado] diante da [Tua] glória" (JUDAS 1:24).

Que a Tua alegria seja tão real para ele, que ele não procure a felicidade em algo inferior a ela.

Louvo-te com antecedência pelo dia em que ele te dirá: "Mais alegria me puseste no coração do que a alegria deles" (SALMO 4:7).

Ó Pai, que esse dia seja hoje!

DIA 42

Louvor por pequenas vitórias

Quem despreza o dia dos humildes começos?
ZACARIAS 4:10

Obrigado, Pai. Há progresso na vida de minha filha neste exato momento. Ninguém mais consegue vê-lo, mas ele definitivamente existe. Isso é a obra de Tua mão. Louvo-te por isso ser apenas o começo.

Continuarás a mover-te e a responder as orações, porque, se pedimos algo segundo a Tua vontade, tu nos ouves (1 JOÃO 5:14).

Tu não queres "que nenhum pereça, senão que todos cheguem ao arrependimento" (2 PEDRO 3:9).

Tu queres que minha filha se chegue a ti até mais do que eu e está atraindo-a para ti.

Louvo-te por este "dia dos humildes começos", Pai (ZACARIAS 4:10) e te agradeço porque ele se transformará em algo muito maior.

Anseio pelo dia em que minha filha será tudo que ela é capaz de ser, por meio da "suprema grandeza do seu poder para os que [creem]" (EFÉSIOS 1:19).

Esse é o mesmo poder que usaste para ressuscitar Jesus dentre os mortos, e tornar-me vivo nele quando eu estava morto em transgressões (EFÉSIOS 2:5).

Se tu podes fazê-lo por mim, também podes fazê-lo por ela! Obrigado porque já estás agindo.

Posso ver isso agora, Pai, e te louvo por esse pequeno passo à frente na vida de minha filha, o primeiro de muitos mais que ainda virão.

"A fé é a certeza de coisas que se esperam, a convicção de fatos que se não veem" (HEBREUS 11:1).

ORAÇÃO *pelos filhos* PRÓDIGOS

Por fé, a vejo chegando-se cada vez mais ao Senhor — perdoada, salva, restaurada, liberta.

Eu te vejo usando os erros que ela cometeu para chamar outros "das trevas para a sua maravilhosa luz" (1 PEDRO 2:9).

Louvo-te pela vitória de hoje e a marco com as palavras de Samuel: "Até aqui nos ajudou o SENHOR" (1 SAMUEL 7:12).

Obrigado pelos dias que virão, nos quais o Senhor a ajudará ainda mais!

Meu "Redentor é forte, SENHOR dos exércitos é o seu nome" (JEREMIAS 50:34)!

Continue a mover-te, Senhor! Obrigado por ouvires as minhas orações!

Estou confiante de que tu hás "de [completar]" até o fim a "boa obra" que começaste nela (FILIPENSES 1:6).

Por favor, conceda-me graça para combater "o bom combate" de fé até esse dia chegar (1 TIMÓTEO 1:18)!

Notas:

SEMANA 7

Caindo em si

Então, caindo em si, disse: Quantos trabalhadores de meu pai têm pão com fartura, e eu aqui morro de fome! LUCAS 15:17

Esther estava preocupada com seu filho. Edwin tinha apenas três anos, era o caçula de cinco filhos e estava muito doente. O médico local não tinha certeza quanto à doença e também estava preocupado. Ele suspeitava de leucemia. Quando Edwin foi levado ao hospital para mais exames, os resultados confirmaram o pior temor do médico: uma forma agressiva de leucemia.

Isso ocorreu no meio da Grande Depressão e o tratamento eficaz contra a doença só apareceria décadas depois. Transfusões de sangue foram prescritas e Jasper, o pai de Edwin, era compatível. Jasper doou heroicamente, fornecendo o máximo de sangue permitido pelos médicos. Mas a doença continuava a progredir. Jasper e Esther mantinham a esperança e oravam fervorosamente. Esther ficou junto a Edwin durante as noites, vigiando, orando e cuidando de seu filhinho o melhor que pôde.

Certa noite, já tarde, quando o quarto estava em silêncio, Esther ouviu o som distinto de cantos. Ela não conseguia distinguir as palavras, mas, depois, o descreveu como a música mais bonita que ela já tinha ouvido. Acalmou sua alma e afastou a preocupação de sua mente. Como Jacó em Betel, ela se encontrou de pé na "porta dos céus" (GÊNESIS 28:17), na própria presença de Deus.

Na manhã seguinte, ela disse a Jasper: "Aconteça o que acontecer, tudo ficará bem. Eu sei disso. Ontem à noite, ouvi anjos cantando."

Edwin morreu naquele dia. Jasper, enfraquecido pelas frequentes transfusões, contraiu pneumonia e morreu poucos meses depois, aos 39 anos. Esther estava grávida; o filho que ela carregava nunca viria a conhecer seu pai.

Esther jamais se casou novamente, mas não por falta de oportunidade. Ela era uma mulher bonita com olhos azuis cintilantes. No entanto, nunca ficou amargurada. Manteve sua fé e o Deus de sua fé a manteve e cuidou de todas as suas necessidades até o fim de seus dias. Na época em que a conheci, seu cabelo era branco, mas seus olhos ainda eram azuis cintilantes. Essa senhora me falava de Jesus e fazia as melhores rosquinhas caseiras deste lado do céu.

Esther era a minha avó materna.

Há uma força inconfundível que Deus dá aos Seus. Ela não pode ser racionalizada ou compreendida separadamente da Sua presença. Como escreveu Pascal: "O coração tem razões que a própria razão desconhece".[1] Às vezes, você sabe que Deus se mostrará fiel, aconteça o que acontecer. Por meio de oração fiel e do toque do Seu Espírito, o Senhor dá o presente da "paz de Deus, que excede todo o entendimento", que guarda o nosso coração e a nossa "mente em Cristo Jesus" (FILIPENSES 4:7).

É por isso que a oração é o "sopro de vida do cristão". Deus a usa para nos dar a graça que nunca encontraríamos de outra maneira. Para os pais de filhos pródigos, a oração é uma tábua de salvação. Assim como minha avó encontrou força sobrenatural por meio da oração quando seu filho estava morrendo fisicamente, Deus a usará para conceder poder aos pais quando a alma de seus filhos estiver necessitada de salvação.

Aquela tábua de salvação se move até os nossos filhos por intermédio de nós. Deus usa as nossas orações para alcançá-los onde quer que eles estejam e para realizar, em suas vidas, um bem que não teria ocorrido se não estivéssemos orando. Independentemente da distância, "a mão do Senhor não está encolhida, para que não possa salvar; nem surdo o seu ouvido, para não poder ouvir" (ISAÍAS 59:1). O filho pródigo "caiu em si" em um país distante (LUCAS 15:17).

Os pais de filhos pródigos podem também "cair em si", especialmente no tocante à oração. Frequentemente, Deus se move por meio de nossas circunstâncias desafiadoras para nos fazer orar mais do que nunca antes. Ele usa as nossas orações para nos aproximar e para nos mostrar o que somente Ele pode fazer. Ele aguça os nossos "sentidos espirituais", dando-nos a paz de que tão desesperadamente precisamos e uma nova força que nunca soubemos ser possível.

Podemos até ouvir anjos cantarem.

Jesus disse que "há júbilo diante dos anjos de Deus por um pecador que se arrepende" (LUCAS 15:10). E em Sua presença há toda a ajuda que precisamos.

A oração é o fôlego de vida do cristão,
o ar nativo do cristão.
Sua senha para as portas do céu;
ele entra no lar celeste com a oração.
JAMES MONTGOMERY, PRAYER IS THE SOUL'S SINCERE DESIRE
(A ORAÇÃO É O SINCERO DESEJO DA ALMA)

---

1. Pascal, Pensamentos, seção IV, número 277, disponível em http://www.ebooksbrasil.org/eLibris/pascal.html

DIA 43

Quando você disse algo de que se arrepende

Põe guarda, Senhor, à minha boca;
vigia a porta dos meus lábios.

SALMO 141:3

Fiz de novo, Senhor. Falei com minha filha com raiva e essa não era a reação certa.
Sei que há momentos em que estou autorizado a ficar com raiva do que há de errado na vida dela, mas a Tua Palavra também diz: "Irai-vos e não pequeis" (SALMO 4:4).
Fui longe demais e disse coisas que não devia ter dito.
Perdoa-me, Senhor, e dá-me uma nova graça.
Porque o Senhor "dá graça aos humildes" (PROVÉRBIOS 3:34), eu me humilho diante de ti e peço-te para me mostrares "um caminho sobremodo excelente" (1 CORÍNTIOS 12:31).
Sei que "ainda que eu fale as línguas dos homens e dos anjos, se não tiver amor, serei como o bronze que soa ou como o címbalo que retine" (1 CORÍNTIOS 13:1).
Sei também que "a ira do homem não produz a justiça de Deus" (TIAGO 1:20).
Por isso, peço-te para ajudar-me a fazer o que é difícil e pedir perdão à minha filha.
Oro para que tu lhe concedas graça para aceitar meu pedido de perdão, para que o nosso relacionamento possa ser restaurado.
Realmente quero fazer tudo "com amor", Pai (1 CORÍNTIOS 16:14), mas neste momento acho muito difícil cuidar de filhos.
Preciso que tu assumas "a causa da minha alma" e "[julgue] a minha causa" (LAMENTAÇÕES 3:58,59), para que ela te veja agindo, mesmo nessa situação.

ORAÇÃO *pelos filhos* PRÓDIGOS

Tu és aquele "que, dia a dia, leva o nosso fardo" (SALMO 68:19); peço-te para me conduzir nessa situação e me dar sabedoria.

Agradeço-te porque tu podes até tomar atos com motivos imperfeitos e usá-los "[torná-los] em bem" e "[conservar] muita gente em vida" (GÊNESIS 50:20).

"Põe guarda, SENHOR, à minha boca" (SALMO 141:3), para que "o efeito da justiça [seja] a paz" (ISAÍAS 32:17).

Que a palavra de Cristo habite em mim ricamente, para eu poder "[instruir e aconselhar] "em toda a sabedoria (COLOSSENSES 3:16).

Tu, "que [falas] em justiça", és "poderoso para salvar" (ISAÍAS 63:1).

Sussurra a Tua verdade ao coração de minha filha, Senhor e salva-a!

Tu "podes salvar totalmente" aqueles que se achegam a ti (HEBREUS 7:25).

Permita-a que ela se achegue a ti!

Tu disseste: "Com amor eterno eu te amei; por isso, com benignidade te atraí" (JEREMIAS 31:3).

Pai, atrai-a com amor!

Eu te amo porque tu me amaste primeiro (1 JOÃO 4:19).

Por favor, faz o mesmo por minha filha.

"As palavras dos meus lábios e o meditar do meu coração sejam agradáveis na tua presença" (SALMO 19:14), para que a alegria dela em Cristo Jesus seja transbordante por minha causa (FILIPENSES 1:26).

DIA 44

Manipulado

*Vós, na verdade, intentastes o mal contra mim;
porém Deus o tornou em bem, para fazer, como vedes agora,
que se conserve muita gente em vida.*

GÊNESIS 50:20

Lá vamos nós de novo, Senhor.
Fui manipulado mais uma vez.
Quero crer nas melhores coisas em relação ao meu filho, mas, às vezes, ele tira proveito disso!
Queres que eu confie nele e eu quero ser capaz de fazê-lo!
Então, algo acontece que torna difícil confiar.
Mas não é somente o meu filho quem está fazendo a
 manipulação, Pai.
Ele está sendo manipulado pelo adversário e sequer sabe disso.
Está sendo conformado com "este século", quando precisa ser
 transformado pela renovação de sua mente (ROMANOS 12:2).
Está sendo enganado (GÊNESIS 3:13) e meu coração dói por ele.
Mas essa batalha por seu coração e sua mente ainda
 não terminou.
"Do Senhor é a guerra" (1 SAMUEL 17:47).
"Com ele está a força e a sabedoria; seu é o que erra e o que faz
 errar" (JÓ 12:16).
Eu já entreguei meu filho a ti, Pai, e o entrego novamente.
Senhor Jesus, assim como tu oraste por Pedro quando o diabo o
 perseguiu, oro para que, em meu filho, a "fé não desfaleça"
 (LUCAS 22:31,32).
"Espírito da verdade", peço que tu o guies "a toda a verdade"
 (JOÃO 16:13), para que ele vença o Maligno (1 JOÃO 2:13).

ORAÇÃO *pelos filhos* PRÓDIGOS

Pai, embora meu filho tenha sido enganado, oro para que tu uses até mesmo essa circunstância para o bem e para a salvação de muitas vidas! Quando ele se converter, permita que ele conduza outros a ti. Então, "toda arma forjada contra" nós, não prevalecerá (ISAÍAS 54:17). Anseio pelo dia em que serei capaz de olhar meu filho nos olhos e saber que ele está dizendo a verdade, porque ele está "[andando] na verdade" (2 JOÃO 1:4). Que alegria será! Louvo-te antecipadamente pelo dia em que a fé de meu filho será restaurada, quando ele declarará ao Senhor com gratidão: "Foste a minha salvação" (SALMO 118:21)! "Aleluia! A salvação, e a glória, e o poder são do nosso Deus" (APOCALIPSE 19:1)! A vitória será Tua e a bênção será nossa!
Amém.

DIA 45

Canções na noite

*O Senhor, durante o dia, me concede
a sua misericórdia, e à noite comigo está o seu cântico,
uma oração ao Deus da minha vida.*

SALMO 42:8

Não consigo dormir, Pai, e tu sabes o porquê.
Estou preocupado com minha filha.
Sei que me disseste para não me preocupar com a minha vida (MATEUS 6:25), mas tudo bem se eu falar contigo sobre a vida dela?
Lembro-me de quando ela era apenas um bebê e as coisas eram muito mais fáceis.
Obrigado por aqueles dias. Eles foram um presente!
Mas tu conheces a situação em que nos encontramos agora, Pai.
Eu nunca vi isso acontecer. Não assim. Algum pai pensa que seu filho passará por anos pródigos?
Sempre pensei que coisas como essa acontecessem com as outras pessoas e tenho de admitir que, às vezes, fui muito rápido em encontrar um motivo.
É mais fácil ser pai dos filhos de outra pessoa em nossa mente, sem saber pelo que esses pais estão realmente passando, não é?
Minha filha e eu estamos nessa situação esta noite, Senhor, e precisamos muito de ti.
Preciso que a paz "que excede todo o entendimento" guarde meu coração e minha mente no Senhor (FILIPENSES 4:7).
Ela precisa que a Tua luz brilhe em seu caminho e a leve "das trevas para a luz" (ATOS 26:18).
Tu és "a luz do mundo", Senhor Jesus (JOÃO 8:12). E és a minha luz nesta noite.

És o "Deus, que me fez, que inspira canções de louvor durante a noite" (JÓ 35:10).

Firmo-me na promessa de Tua Palavra nesta noite: "Eis que Deus é a minha salvação; confiarei e não temerei, porque o SENHOR Deus é a minha força e o meu cântico; ele se tornou a minha salvação" (ISAÍAS 12:2).

Obrigado porque, quando não sei "o que fazer" (2 CRÔNICAS 20:12), posso buscar em ti a direção que necessito.

Tu és "o caminho, e a verdade, e a vida" (JOÃO 14:6).

"Pois em ti está o manancial da vida; na tua luz, vemos a luz" (SALMO 36:9).

Coloco esta situação em Tuas mãos, Senhor, e lanço sobre ti toda preocupação, toda necessidade, todo cuidado (SALMO 55:22).

Tu disseste: "Vinde a mim, todos os que estais cansados e sobrecarregados, e eu vos aliviarei" (MATEUS 11:28).

Isso me descreve muito bem agora, então vou a ti.

E levo minha filha comigo nos braços da fé e da oração.

Louvo-te porque a Tua "luz resplandece nas trevas, e as trevas não [prevalecerão] contra ela" (JOÃO 1:5).

"Em paz me deito e logo pego no sono" (SALMO 4:8), porque tu és a minha esperança.

O futuro parece luminoso com o Senhor!

DIA 46

Aceitando a rejeição

Era desprezado e o mais rejeitado entre os homens; homem de dores e que sabe o que é padecer; e, como um de quem os homens escondem o rosto, era desprezado, e dele não fizemos caso.

ISAÍAS 53:3

Pai, neste momento minha filha não entende que, se eu realmente a amo, não a deixarei fazer o que ela quiser.
Ela está com raiva de mim por isso e precisamos da Tua ajuda.
Oro para que, em sua raiva, ela não peque e decida fazer o que eu a proibi de fazer.
Oro para que o diabo não ganhe posição nisso (EFÉSIOS 4:26,27).
Em vez disso, peço que a Tua paz reine em seu coração (COLOSSENSES 3:15).
Peço também que a protejas contra amigos que a induzam a "errar" (PROVÉRBIOS 12:26).
Pai, oro para que tu não permitas que a "raiz de amargura" do desafio se instale, de maneira alguma (HEBREUS 12:15).
Em vez disso, "produza a salvação, e juntamente com ela brote a justiça" (ISAÍAS 45:8).
Rogo para que ela amadureça com tudo isso e possa "desprezar o mal e escolher o bem" (ISAÍAS 7:16).
Peço que fales brandamente com ela e lhe ensines "Senhor, o teu caminho", para que ela "[ande] na tua verdade" com inteireza de coração (SALMO 86:11).
Ajuda-a a compreender não só o quanto eu a amo, mas acima de tudo, o quanto tu a amas.
Sabes o que é ser rejeitado por aqueles que amas, porque tu vieste à Terra e nós "não o [recebemos]" (JOÃO 1:11).

ORAÇÃO *pelos filhos* PRÓDIGOS

Tu escolheste aceitar a nossa rejeição para nosso próprio benefício, para salvar e libertar.

De maneira restrita, estou começando a compreender um pouco disso, Senhor.

É por amá-la que estou tentando ajudá-la a escolher o que é certo, a despeito da rebeldia dela.

Obrigado, Pai, por fazeres isso conosco.

A Tua Palavra deixa muito claro que mesmo quando éramos Teus "inimigos", tu escolheste nos reconciliar "mediante a morte" de Teu filho (ROMANOS 5:10).

"Nisto consiste o amor: não em que nós tenhamos amado a Deus, mas em que ele nos amou e enviou o seu Filho como propiciação pelos nossos pecados" (1 JOÃO 4:10).

Querido Jesus, entrego novamente minha filha ao Senhor.

Resgata-a deste mundo, Senhor, e livra-a do erro de escolher o caminho dela em vez do Teu.

A Tua Palavra diz: "Aquele que converte o pecador do seu caminho errado salvará da morte a alma dele e cobrirá multidão de pecados" (TIAGO 5:20).

Obrigado por salvar-me. Salva-a também, eu suplico!

DIA 47

Quando a distância separa

Eis que a mão do Senhor não está encolhida, para que não possa salvar; nem surdo o seu ouvido, para não poder ouvir. ISAÍAS 59:1

Pai, eu te agradeço por não haver lugar algum a que meu filho possa ir onde tu já não estejas presente.

Mesmo ele estando longe de mim, descanso na promessa de que a Tua mão "não está encolhida, para que não possa salvar".

Oro para que tu o encontres onde ele estiver, Senhor.

Permite-lhe encontrar-te em todos os lugares para onde ele se volte, "por trás e por diante" (SALMO 139:5).

Abre os olhos dele para os "caminhos da vida" que levam em Tua direção e aproxima-o do Senhor (ATOS 2:28).

Pai, ele precisa de ti para direcioná-lo ao lar.

Não ao lar, para mim, mas ao Teu lar eterno com o Senhor.

Tal qual o filho pródigo que "[caiu] em si" em um país distante, peço que ele se torne consciente de qualquer coisa que o separe do Senhor.

Que ele possa dizer "irei ter com o meu pai" e correr para os Teus braços abertos (LUCAS 15:17,18).

Mesmo onde ele está agora, não está tão longe que o Teu amor não consiga alcançá-lo, porque "a terra, Senhor, está cheia da tua bondade" (SALMO 119:64).

Que o Teu amor o envolva e o proteja contra todo mal.

Pai, dá-lhe "maior graça" para submeter-se ao Senhor e "[resistir] ao diabo", para que o diabo fuja dele (TIAGO 4:6,7).

Enche seu coração com fé, porque assim ele será ajudado em todos os sentidos e "guardado" pelo Seu poder (1 PEDRO 1:5).

Envia os Teus anjos para ajudá-lo, como fazes àqueles que "[herdam] a salvação" (HEBREUS 1:14).
Oro para que tu lhe dês novos amigos que o Senhor conhece e o afaste daqueles que o fariam desviar-se de ti.
Faz que ele anseie ser parte da "família da fé" (GÁLATAS 6:10), na qual será incentivado, ajudado e abençoado.
Permite que toda estrada que ele tomar leve ao Senhor.
Obrigado, Pai, por ouvires a minha oração.
Obrigado porque tu estás ainda mais disposto a responder do que eu para pedir.
Louvo-te por seres "poderoso para fazer infinitamente mais do que tudo quanto pedimos ou pensamos" (EFÉSIOS 3:20).
Louvo-te pelas maneiras como responderás a esta oração!

DIA 48

Louvor nas trevas

Por volta da meia-noite, Paulo e Silas oravam e cantavam louvores a Deus, e os demais companheiros de prisão escutavam.
ATOS 16:25

O que Paulo e Silas fizeram foi belo e inspirador, Pai. Mesmo tendo sido despidos e açoitados, e estando numa cela escura após a meia-noite com os pés presos no tronco, eles louvavam ao Senhor (ATOS 16:22-24)!

Que exemplo surpreendente! Por favor, concede-me graça para fazer o mesmo quando me sentir derrotado e no escuro.

Eu quero dar a ti a glória devida ao Teu nome (1 CRÔNICAS 16:29) e continuar a louvar-te, mesmo quando não souber o que o dia seguinte trará.

Tu és sempre digno de louvor.

Quando eu não me sinto com vontade de me aproximar de ti, é então que preciso louvar-te acima de tudo, porque tu "[fortalece] as mãos frouxas e [firma] os joelhos vacilantes". Tu "[dizes] aos desalentados de coração: Sede fortes, não temais. Eis o vosso Deus [...] ele vem" (ISAÍAS 35:3,4).

Quando for o meio da noite e eu estiver imaginando se minha filha está segura, "[me animarei] para fazer-te esta oração" (1 CRÔNICAS 17:25).

Assim como Davi "se reanimou no SENHOR, seu Deus" quando sua família estava em perigo (1 SAMUEL 30:6), sei que tu podes me conceder graça para perseverar.

"Ao meu coração me ocorre: Buscai a minha presença; buscarei, pois, SENHOR, a tua presença" (SALMO 27:8).

Oro por graça para buscar "de todo o coração a tua graça"
   (SALMO 119:58).

Quando fico imaginando por que as coisas aconteceram apesar de eu tentar criar minha filha da melhor forma que posso, eu "não [confiarei]" em mim mesmo, "e sim" no Senhor
   (2 CORÍNTIOS 1:9).

Quando sinto que as orações estão batendo no teto e parando ali, agradeço-te por minha fé não depender de sentimentos.

Louvo-te, Senhor Jesus, porque, mesmo quando nossa fé está fraca, o Senhor "permanece fiel" (2 TIMÓTEO 2:13).

Nunca passei por algo parecido com o que aconteceu a Paulo e Silas, mas, se tu lhes deste força para louvar-te naquele momento, e o Senhor "ontem e hoje, é o mesmo e o será para sempre" (HEBREUS 13:8), então tu podes fazer o mesmo por mim.

Juntos, conquistaremos "a vitória" na vida de minha filha
   (1 JOÃO 5:4).

Que ela possa ver o Teu Espírito em mim e isso possa aproximá-la do Senhor.

Então, nós te louvaremos juntos, nosso Salvador e nosso Deus!

DIA 49

Socorro constante

Deus é o nosso refúgio e fortaleza, socorro bem presente nas tribulações.

SALMO 46:1

Pai, tu não és apenas uma "ajuda ocasional" quando os tempos estão difíceis.

Louvo-te porque tu és um "socorro bem presente"!

Não há um dia, uma hora, um minuto ou um momento em que não estejas atento.

Tu és realmente surpreendente, Deus, pois "não dormitas, nem dormes" (SALMO 121:4).

Nada passa despercebido a ti. Nem uma "palavra frívola" (MATEUS 12:36) ou o desígnio do nosso coração (GÊNESIS 6:5).

Até os cabelos de nossas cabeças "estão todos contados" (LUCAS 12:7).

Porque tu és socorro constante, confio em ti (SALMO 115:11).

Porque o Teu nome é uma "torre forte", eu continuarei correndo para o Senhor (PROVÉRBIOS 18:10).

Tu me dás força para prosseguir (SALMO 29:11).

Tu sabes por que estou aqui, Senhor. Estou aqui para pedir a Tua misericórdia e ajuda.

Sei que, sem o Senhor, nada posso fazer (JOÃO 15:5).

Venho a ti novamente por meu filho, e continuarei vindo enquanto tu me deres "fôlego" (ISAÍAS 42:5).

Não é isso o que diz a Tua Palavra?

"Vós, os que fareis lembrado o SENHOR, não descanseis" (ISAÍAS 62:6,7).

Tu desejas que eu continue te buscando, repetidamente, por meu filho.

ORAÇÃO *pelos filhos* PRÓDIGOS

Tu queres que eu "[ore] sem cessar" (1 TESSALONICENSES 5:17).

Por isso, faço desta oração a minha declaração de dependência do Senhor.

Tu sabes como o meu filho voltará a Tua presença. Tu sabes o dia e a hora. Tu sabes exatamente o que será necessário.

Obrigado, Pai, porque tu nunca te cansas de ouvir as minhas orações por meu filho.

Obrigado, Senhor Jesus, porque tu és capaz de salvar meu filho "totalmente" e porque tu vais ao Pai por nós todos os dias (HEBREUS 7:25).

Obrigado, Espírito Santo, porque, quando não sei exatamente o que orar, tu intercedes por mim "com gemidos inexprimíveis" (ROMANOS 8:26).

Eu me "[achegarei], confiadamente, junto ao trono da graça, a fim de [receber] misericórdia e [achar] graça para socorro em ocasião oportuna" (HEBREUS 4:16).

Virei a ti por ele, repetidamente, como a mãe que não parava de clamar ao Senhor por sua filha (MATEUS 15:23) e o pai que implorou que Senhor visse o filho dele (LUCAS 9:38).

Até meu filho correr para Tua presença e tu tomá-lo em Teus braços e abençoá-lo, eu continuarei orando, dia após dia.

Então, orarei novamente, agradecendo-te com todo o meu coração, "para entoar, com voz alta, os louvores e proclamar as tuas maravilhas todas" (SALMO 26:7).

Notas:

SEMANA 8

Guardado em nosso coração

E desceu com eles para Nazaré; e era-lhes submisso. Sua mãe, porém, guardava todas estas coisas no coração.

LUCAS 2:51

Quando Jesus era menino, Maria e José, sem perceber, o deixaram para trás em Jerusalém. Ele estava "no templo" quando o encontraram "assentado no meio dos doutores, ouvindo-os e interrogando-os" (LUCAS 2:46). Maria pediu uma explicação e Jesus respondeu: "Por que me procuráveis? Não sabíeis que me cumpria estar na casa de meu Pai?" (LUCAS 2:49).

Ela não tinha certeza do que Ele quis dizer no momento. Mas sabia que algo estava acontecendo. Algo belo. Algo bom. Deus estava agindo e Maria entendeu isso. Assim, ela "guardava todas estas coisas no coração" (LUCAS 2:51).

Também tenho alguns tesouros. Lembranças preciosas da casa do Pai, quando Katie era pequena. Olhos brilhantes nos domingos ensolarados, assimilando tudo: "Olhe o que eu fiz para você, papai!" Um cartão em giz de cera da Escola Dominical. O aconchego mais apertado possível quando se sentava ao meu lado no culto. Orações simples feitas com a elevada fé das crianças. Uma vozinha melodiosa cantando docemente: "Sim, Cristo me ama, a Bíblia assim me diz..."

Jesus *amava* a minha menininha e ela *sabia* disso. Sua fé infantil era simples e sincera, um presente do céu não contaminado pelo mundo. Como Maria, eu podia ver que algo estava acontecendo.

Deus estava agindo naquela pequena vida. E isso continua a me dar esperança.

Os dias difíceis atuais não durarão para sempre. Deus é fiel. As sementes que cresceram e floresceram na primavera da vida de minha filha florescerão novamente algum dia.

Isso é mais do que pensamento positivo. As promessas contidas na Palavra de Deus me trazem esperança. Promessas como a de que "a misericórdia do SENHOR é de eternidade a eternidade, sobre os que o temem, e a sua justiça, sobre os filhos dos filhos" (SALMO 103:17) e "o SENHOR é bom, a sua misericórdia dura para sempre, e, de geração em geração, a sua fidelidade" (SALMO 100:5).

Estou decidido a orar por minha filha. Todos os dias tenho conforto no fato de que, ainda mais do que eu, Deus anseia pelo dia em que ela retornará à fé em Cristo.

G. K. Chesterton escreveu que "...nós pecamos e envelhecemos, e nosso Pai é mais jovem do que nós."[1] Deus está repleto de vida. Embora existisse "antes de todas as eras" (JUDAS 1:25), Ele não conhece idade. Sua força é incomensurável: "O eterno Deus, o SENHOR, o Criador dos fins da terra, nem se cansa, nem se fatiga" (ISAÍAS 40:28). A energia aparentemente ilimitada das crianças é apenas um pálido reflexo de Sua força infinita e infalível.

A Sua surpreendente força é capaz de buscar minha filha muito tempo depois de a minha própria força ter se esgotado. Devido à Sua fidelidade, as orações que coloquei diante do trono do Pai ainda estarão lá, esperando para serem atendidas em Sua perfeita sabedoria e maneira. E. M. Bounds, ministro e capelão durante a Guerra Civil dos EUA, entendeu assim: "Deus molda o mundo por meio da oração. As orações são imortais. Os lábios que as pronunciaram podem ser fechados na morte, o coração que as sentiu pode ter cessado de pulsar, mas as orações vivem diante de Deus e o Seu coração está atento a elas. As orações se estendem além da vida de quem as proferiu; elas sobrevivem a uma geração, sobrevivem a uma era, sobrevivem a um mundo."[2]

ORAÇÃO *pelos filhos* PRÓDIGOS

"O coração de Deus está atento a elas". Ele receberá as orações feitas em fé com amor eterno que "jamais acaba" (1 CORÍNTIOS 13:8). Então eu correrei a Ele por ela. Derramarei meu coração em oração, sabendo que Ele está totalmente de acordo de que ela precisa voltar seu coração a Ele. Eu a levarei a Ele nos braços da oração, porque eu a guardo em meu coração e sempre o farei.

Por mais que eu a valorize, o Senhor a valoriza mais. Se sua fé infantil é preciosa para mim, seu valor para Ele é incalculável.

Então, aqui está ela, Pai, nossa filha preciosa: Tua, minha, nossa. Eu a levo a ti mais uma vez.

⁓

Suas orações, querido filho de Deus ... serão respondidas — algumas delas, talvez, durante a sua vida na terra, e todas elas, certamente, durante a sua vida no céu.

SAMUEL PRIME

---

1. Chesteron, *Orthodoxy* (Ortodoxia), 60.
2. Bounds, *Complete Works* (Obras completas), 299.

DIA 50

Quando ela ainda não voltou a casa

Sou como o pelicano no deserto, como a coruja das ruínas. Não durmo e sou como o passarinho solitário nos telhados.
SALMO 102:6,7

Mais uma daquelas noites, Senhor.
Ela deveria estar em casa horas atrás.
Então sento-me aqui, esperando.
Esperando o telefone tocar.
Esperando o som do carro na garagem e os passos dela na varanda da frente.
Fica com ela, Senhor. Tu sabes onde ela está.
Por favor, cuida dela, Pai, e mantém-na segura.
Agradeço-te porque ainda estás no controle, independentemente das escolhas que minha filha faz.
"Grandíssimo és, ó SENHOR Deus, porque não há semelhante a ti, e não há outro Deus além de ti" (2 SAMUEL 7:22).
"Até as próprias trevas não te serão escuras: as trevas e a luz são a mesma coisa" (SALMO 139:12).
Mesmo neste momento, permite com que os pensamentos dela se voltem ao lar.
Não apenas para mim, mas para o Senhor.
Quero que ela ligue para casa, mas, acima de tudo, quero que ela invoque o Teu nome.
"Pois tu, Senhor, és bom e compassivo; abundante em benignidade para com todos os que te invocam" (SALMO 86:5).
"Perto está o SENHOR de todos os que o invocam, de todos os que o invocam em verdade" (SALMO 145:18).

ORAÇÃO *pelos filhos* PRÓDIGOS

Tu abençoas ricamente todos os que te invocam (ROMANOS 10:12), porque "todo aquele que invocar o nome do Senhor será salvo" (ATOS 2:21).
Por favor, traze-a para casa, Pai. Totalmente para casa.
Que o coração dela esteja em casa na Tua presença, porque é disso que ela precisa acima de tudo.
Quero que ela me obedeça, Senhor Jesus, porém, mais do que isso, quero que ela obedeça a ti.
Tu disseste: "Se alguém me ama, guardará a minha palavra; e meu Pai o amará, e viremos para ele e faremos nele morada" (JOÃO 14:23).
A Tua Palavra também diz: "Os filhos dos teus servos habitarão seguros, e diante de ti se estabelecerá a sua descendência" (SALMO 102:28).
Estou me firmando nessa promessa mais fortemente do que nunca nesta noite, Senhor; por isso, cumpre-a, como disseste que farias.
Toma-a pela mão.
Toma-a pelo coração.
E conduze-a de volta ao lar.

DIA 51

Ilumine os seus pés

*Lâmpada para os meus pés
é a tua palavra e, luz para os meus caminhos.*
SALMO 119:105

A Tua Palavra é surpreendente, Pai!
Ela tem o poder de transformar vidas.
Ela é "viva, e eficaz, e mais cortante do que qualquer espada de dois gumes, e penetra até ao ponto de dividir alma e espírito, juntas e medulas, e é apta para discernir os pensamentos e propósitos do coração" (HEBREUS 4:12,13).
Como amo a Tua Palavra!
Oro para que tu liberes o poder da Tua Palavra na vida de meu filho.
Que a Tua luz ilumine seus pés e seu caminho.
Muitas pessoas estão lhe dizendo para onde se voltar e o que fazer.
Ele precisa ouvir a Tua voz, Senhor.
"De que maneira poderá o jovem guardar puro o seu caminho? Observando-o segundo a tua palavra" (SALMO 119:9).
Oro para que tu direciones os passos dele "na tua palavra" e que "não [o] domine iniquidade alguma" (SALMO 119:133).
Somente tu podes levá-lo "pelas veredas da justiça" e restaurar-lhe a alma (SALMO 23:3).
Ele tem uma Bíblia. Rogo que ele a pegue e leia!
Que ele te encontre nela, Pai, e ouça a Tua voz de uma maneira como não ouve há muito tempo, porque "tu [o] ensinas" (SALMO 119:102).
Clamo para que tu lhe abras os olhos para que ele "contemple as maravilhas" contidas em Tua Palavra (SALMO 119:18).

ORAÇÃO *pelos filhos* PRÓDIGOS

A Tua Palavra é capaz de torná-lo "sábio para a salvação pela fé em Cristo Jesus" (2 TIMÓTEO 3:15).

Leva o coração dele de volta a ti enquanto ele a lê, para que não haja qualquer dúvida quanto ao relacionamento dele contigo.

Dá-lhe fome da Tua Palavra — enche seu coração e sua mente com ela.

Que ele se volte a ela todos os dias, porque "não só de pão vive o homem, mas de toda palavra que procede" do Senhor (MATEUS 4:4).

Enquanto ele dedica tempo à Tua Palavra, faz-lhe ver como o Senhor está lhe falando sobre os detalhes íntimos de sua vida.

Então, como "homem de Deus [...] perfeitamente habilitado para toda boa obra" (2 TIMÓTEO 3:17), permite-lhe "[anunciar] com toda a intrepidez a tua palavra" (ATOS 4:29) para que outros possam ouvir e amá-la também!

DIA 52

Que a vergonha a deixe!

A Escritura diz: Todo aquele que nele crê não será confundido.
ROMANOS 10:11

Posso ver minha filha em pé diante do Senhor, vestida de branco.
É o dia de seu casamento! Mas não nesta Terra.
Lá está ela, no reino de Deus, onde Tua Igreja está "ataviada como noiva adornada para o seu esposo" (APOCALIPSE 21:2).
Oro para que esse dia chegue para ela, Senhor Jesus!
Aquele dia em que ela saberá, com todo o coração, que quem confiar no Senhor "jamais será envergonhado".
Ela já confiou em ti e creio que tu "[começaste boa obra" nela e "hás de completá-la" (FILIPENSES 1:6).
Rogo para que te movas em breve na vida dela para que ela volte seu coração pecador a ti.
Permite que ela ouça o Teu Espírito lhe falando: "Desfaço as tuas transgressões como a névoa e os teus pecados, como a nuvem; torna-te para mim, porque eu te remi" (ISAÍAS 44:22).
Que a névoa se dissipe e uma nova manhã brilhante irrompa!
Mesmo quando nos rebelamos contra ti, sei que anseias que entreguemos nosso coração ao Senhor.
Quando o fazemos, tu removes totalmente os nossos pecados.
Tu nos cobres com "vestes de salvação" e com "o manto de justiça" (ISAÍAS 61:10).
Tu nos apresentas santos aos Teus olhos, "inculpáveis e irrepreensíveis" (COLOSSENSES 1:22).
Disseste: "Te esquecerás da vergonha da tua mocidade" (ISAÍAS 54:4).
E decidiste esquecê-la também!
Diz-nos que não mais te lembrarás dos nossos pecados (JEREMIAS 31:34).

ORAÇÃO *pelos filhos* PRÓDIGOS

Tira a vergonha de minha filha, Senhor Jesus, assim como fizeste comigo!
Prometeste em Tua Palavra: "Não temas, porque não serás envergonhada; não te envergonhes, porque não sofrerás humilhação" (ISAÍAS 54:4).
Oro para que minha filha entenda que, quando os pródigos voltam, tu fazes festa!
Tu os acolhes com os braços bem abertos!
Que ela saiba profundamente em seu coração que não há vergonha em ser Tua filha.
Que ela saiba que qualquer nome pelo qual tenha sido chamada não importa, porque, algum dia, tu darás um "novo nome" a todos que salvaste (APOCALIPSE 3:12), todos os que vivem para o Teu reino e o Teu amor.
Que ela saiba que qualquer pecado ou vergonha do passado é lavado pelo Teu "precioso sangue" (1 PEDRO 1:19).
Que ela possa viver com tanto amor pelo Senhor, que os outros também sejam atraídos a Tua presença!
Sei que ela tem uma escolha a fazer e oro para que a faça em breve e "[escolha] a vida" (DEUTERONÔMIO 30:19)!
Oro para que ela escolha o Senhor!

DIA 53

O que os gafanhotos consumiram

> *Restituir-vos-ei os anos*
> *que foram consumidos pelo gafanhoto.*
> JOEL 2:25

"Restituir-vos-ei os anos que foram consumidos pelo gafanhoto."
Amo essa promessa, Senhor. Ela me mostra a bondade do
  Teu coração.
Eu te louvo por não haver dor que tu não possas curar, nem
  perda que não possas reparar.
Tu fazes "novas todas as coisas" (APOCALIPSE 21:5)!
Anseio pelo dia em que tu farás tudo novo na vida de minha filha.
Tu tens um futuro brilhante esperando por ela!
Rogo para que ela abra o coração a ti e receba a Tua misericórdia.
Agradeço-te porque até mesmo "os anos que foram consumidos
  pelo gafanhoto" podem ser transformados em bênção, e peço
  que tu o faças!
Tu és tão engenhoso, Pai.
Não há um passo que minha filha tenha dado que não possa ser,
  algum dia, voltado para Tua direção.
Tu vieste "para alumiar os que jazem nas trevas e na sombra
  da morte, e dirigir os nossos pés pelo caminho da paz"
  (LUCAS 1:79).
Jesus, tu contaste a história de deixar noventa e nove ovelhas para
  ir atrás da que está perdida.
Quão maravilhoso és tu para ires atrás de "ovelhas perdidas"!
Quando tu encontras a perdida, ficas "cheio de júbilo"
  (LUCAS 15:4-6).

Peço-te que o dano que o adversário tentou causar na vida de minha filha seja totalmente desfeito para que ela louve ao Senhor, como tu anseias que ela faça.

A Tua Palavra diz: "Da boca de pequeninos e crianças de peito suscitaste força [...] para fazeres emudecer o inimigo e o vingador" (SALMO 8:2).

Eu também te louvo, Pai.

Louvo-te porque tu a amas com amor infinito.

Anseio para que minha filha volte ao lar para o Senhor.

Também anseias por isso, ainda mais do que eu, porque tu "não [queres] que nenhum pereça, senão que todos cheguem ao arrependimento" (2 PEDRO 3:9).

Que ela possa ir a ti *hoje*, Pai!

Que o coração dela seja tocado por Tua bondade e sua mente seja aberta para a maravilha de quem tu és.

Que ela te ouça dizer: "eu sou contigo para te livrar" (JEREMIAS 1:8).

Que responda quando tu a chamares e vá correndo com um coração arrependido, atraída pela esperança que só tu podes dar.

Tu disseste: "os que esperam em mim não serão envergonhados" (ISAÍAS 49:23). E ela não será!

Tu és a minha esperança, Deus, e oro para que, em breve, também seja a de minha filha.

"Tu és o Deus da minha salvação, em quem eu espero todo o dia" (SALMO 25:5).

Mesmo que ela ainda não saiba, agradeço-te porque ela um dia "[saberá] qual é a esperança" para o qual tu a chamaste (EFÉSIOS 1:18) e te louvará por isso com todo o coração.

DIA 54

Passos retos

*Confia no S*ENHOR *de todo o teu coração e não te estribes no teu próprio entendimento. Reconhece-o em todos os teus caminhos, e ele endireitará as tuas veredas.*

PROVÉRBIOS 3:5,6

Às vezes, não entendo as escolhas que o meu filho faz, Senhor.
Ele não parece ser capaz de enxergar as consequências de alguns atos e a inutilidade de outros. Ou ele não se importa.
Ele precisa de uma grande descoberta, Pai. Peço-te que o conduzas a uma.
Tu és "o que abre caminho" (MIQUEIAS 2:13)!
Em Tua Palavra, dizes: "No caminho da sabedoria, te ensinei e pelas veredas da retidão te fiz andar" (PROVÉRBIOS 4:11).
Oro essa promessa para ele hoje.
Mais do que qualquer outra coisa, ele precisa reconhecer-te e confiar ti, porque "o temor do SENHOR é o princípio da sabedoria" (SALMO 111:10).
Peço que o ajudes a pensar a respeito da eternidade.
Ajuda-o a ver que a vida é muito mais do que simplesmente viver para o momento.
Faze-o compreender que o caminho que está trilhando não o leva para onde ele quer estar.
"Larga é a porta, e espaçoso, o caminho que conduz para a perdição, e são muitos os que entram por ela" (MATEUS 7:13).
Afasta-o desse caminho, Pai!
Clamo para que lhe dês graça para ser "um filho sábio, dotado de discrição e entendimento" (2 CRÔNICAS 2:12).
Faz dele um homem "reto", que "considera o seu caminho" (PROVÉRBIOS 21:29).

Coloca no caminho dele pessoas sábias a quem ele dê ouvido.

Rogo que me capacites a comunicar-me com ele de modo que ele dê ouvido, e que tu fales com ele por meu intermédio.

A Tua Palavra nos diz para "[adquirir] a sabedoria, [adquirir] o entendimento" (PROVÉRBIOS 4:5).

Ela também diz: "Feliz o homem que acha sabedoria […] porque melhor é o lucro que ela dá do que o da prata, e melhor a sua renda do que o ouro mais fino" (PROVÉRBIOS 3:13,14).

Quero coisas boas para o meu filho, Pai.

Mas, acima de tudo, eu desejo aquilo que tu podes lhe dar.

A Tua Palavra diz que "Deus dá sabedoria, conhecimento e prazer ao homem que lhe agrada" (ECLESIASTES 2:26).

Tu és tudo isso, Pai, e muito mais!

Peço-te que endireites os passos dele, para que eles o levem diretamente ao Senhor!

DIA 55

Da escolha de Deus

Hoje, pois, cheguei à fonte e disse comigo:
ó SENHOR, Deus de meu senhor Abraão,
se me levas a bom termo a jornada em que sigo.
GÊNESIS 24:42

A maneira como respondeste à oração dos servos de Abraão por uma esposa para Isaque é linda, Pai.
Ele estava buscando a Tua direção e bênção, e tu lha concedeste.
Eu gostaria de pedir o mesmo para minha filha, Senhor.
Tu conheces exatamente a pessoa certa para ser o cônjuge ideal para ela — não apenas por motivos terrenos, mas pelos motivos espirituais.
Peço por alguém da Tua escolha.
Oro para que leves minha filha a um homem que será bênção para sua alma.
Onde quer que ele esteja agora, peço-te que o abençoes e os prepare um para o outro.
Oro para que ele seja parte de Teu propósito ao chamá-la para si, um homem amado por ti e que "é conhecido" pelo Senhor (1 CORÍNTIOS 8:3).
Rogo que, mesmo agora, te movas no coração e mente dele para equipá-lo "em todo o bem" para fazer a Tua vontade, e que tu faças nele "o que é agradável" a ti (HEBREUS 13:21).
Permite que ela te veja agindo nele e, por isso, se achegue ainda mais ao Senhor.
Senhor Jesus, que ele ame minha filha com amor sacrificial que somente tu podes dar, assim como amaste a Igreja e te entregaste por ela (EFÉSIOS 5:25).

Oro para que o amor seja muito mais do que simplesmente um sentimento para os dois.

Peço que o Teu "perfeito amor" (1 JOÃO 4:18) esteja agindo neles para que honrem a ti acima de si mesmos e seu casamento resista ao teste do tempo.

Oro para que ele "[goze] a vida" com a mulher que ama (ECLESIASTES 9:9) e que a Tua paz repouse sobre o lar que construírem juntos.

Leva-os ao lugar onde possam dizer juntos, de todo o coração: "Eu e a minha casa serviremos ao SENHOR" (JOSUÉ 24:15).

Que ele "[se alegre] com a mulher da [sua] mocidade" (PROVÉRBIOS 5:18), e que ela seja uma fonte de bênção e alegria para ele.

Que adorem ao Senhor "com alegria" (SALMO 100:2) pelo presente mútuo e te louvem "na presença dos teus fiéis" (SALMO 52:9).

Pai, gostaria também de pedir-te que os abençoes com filhos que andarão com o Senhor, para que "de geração em geração [proclamem] os teus louvores" (SALMO 79:13).

Louvo-te neste momento por Tua bondade e fidelidade para responder a esta oração, não somente hoje, mas nos anos vindouros!

DIA 56

Inexaurível

Os jovens se cansam e se fatigam, e os moços de exaustos caem,
mas os que esperam no Senhor renovam
as suas forças, sobem com asas como águias, correm
e não se cansam, caminham e não se fatigam.
ISAÍAS 40:30,31

Algum dia, ela se cansará, Senhor.
Cansar-se-á deste mundo e de suas falsas promessas.
De fugir do Senhor.
Oro para que, nesse dia, ela descubra a força que somente tu podes dar.
Neste momento, a energia dela parece não ter limites. Mas ela não durará para sempre.
"Os jovens se cansam e se fatigam, e os moços de exaustos caem."
Oro para que, se ela precisar tropeçar, caia em Teus braços.
Peço para que, se ela precisar cair, seja de amores por ti.
Então, ela encontrará uma força que nunca soube ser possível!
Louvo-te pela força que tu dás, Pai.
Tu fazes "forte ao cansado e multiplica as forças ao que não tem nenhum vigor" (ISAÍAS 40:29).
Contigo habitando em seu coração, ela terá uma fonte de energia mais luminosa do que o sol, ilimitada, infinita, eterna!
Assim é o Senhor, Pai! Nada se compara a ti!
Peço-te que ela encontre em ti o seu "tesouro inextinguível nos céus, onde não chega o ladrão, nem a traça consome" (LUCAS 12:33).
Então, quando o seu corpo envelhecer e sua força lhe faltar, que ela não "[desanime]".

ORAÇÃO *pelos filhos* PRÓDIGOS

"Mesmo que o nosso homem exterior se corrompa, contudo, o nosso homem interior se renova de dia em dia"
(2 CORÍNTIOS 4:16).

Oro para que ela corra para ti "e não se [canse]".

Oro para que ela não apenas corra, mas voe!

Permite que seu coração e mente alcem voo com a maravilha de tudo que tu és.

Que ela se humilhe sob a Tua "poderosa mão", para que possas exaltá-la (1 PEDRO 5:6)!

Exaltada em Tuas mãos, ela *alçará voo!*

Clamo para que ela possa ser forte e corajosa porque tu vais com ela e tu "não [a] deixarás, nem [a] desampararás" (DEUTERONÔMIO 31:6).

Então, ela te ouvirá dizer: "Despertai e exultai, os que habitais no pó" (ISAÍAS 26:19)!

Então, juntos, gritaremos de alegria!

E cantaremos louvores a ti por toda a eternidade!

Notas:

SEMANA 9

Esperando pela resposta

*Ele, porém, não lhe respondeu palavra.
E os seus discípulos, aproximando-se, rogaram-lhe:
Despede-a, pois vem clamando atrás de nós.*

MATEUS 15:23

Nossa filha fugiu de casa aos 15 anos. Katie tinha se juntado à turma errada na escola. Quando a pusemos de castigo e a tiramos da escola para terminar em casa as últimas semanas de seu segundo ano, ela fez outros planos. Certo dia, ela saiu pela porta, correu pela rua e entrou no carro de um amigo.

Passou mais de três semanas fora de casa.

Aquelas foram as três semanas mais longas de nossas vidas. Cari e eu a procuramos em toda parte e buscamos ajuda da polícia e de amigos. Mas, por mais que nos esforçássemos, parecia que sempre estávamos alguns passos atrás dela.

Sua vida estava em perigo e ela sequer sabia disso. Certo dia, Cari e eu nos encontramos sentados no apartamento de um traficante armado, o qual conhecia alguns dos amigos de Katie e a vira recentemente. Mais tarde, descobrimos que ela era passageira de um carro que capotou e outras pessoas ficaram feridas. Ela saiu do local quando a polícia chegou.

Nos dias de desespero que se seguiram, Cari e eu aprendemos a importância de esperar em Deus em oração por aqueles que amamos.[1] Não tínhamos outra opção. Havíamos chegado ao fim de nossas forças e recursos, e tivemos de depender de Deus. Quanto mais orávamos, mais eficaz a nossa busca se tornava.

Nós a encontramos no dia dos pais. Cari e eu estávamos no estacionamento de um restaurante, indo jantar, quando o telefone tocou. Uma garçonete de outro restaurante havia visto Katie. Ela estava a apenas três quarteirões de distância. Logo a levamos para casa, sã e salva.

Deus sempre responde à oração. A resposta é sim, não ou espere. Quando a resposta é espere, é fácil confundi-la com a ausência de resposta.

Uma das histórias mais desafiadoras da Bíblia é o encontro de Jesus com uma mulher cananeia que "clamava: Senhor, Filho de Davi, tem compaixão de mim! Minha filha está horrivelmente endemoninhada".

A parte desafiadora vem no versículo seguinte: "Ele, porém, não lhe respondeu palavra (MATEUS 15:22,23).

Por quê? Jesus não se importava com a mulher e sua filha? Ele não tinha vindo para "destruir as obras do diabo" (1 JOÃO 3:8)? O que Jesus estava fazendo?

O silêncio de Cristo fala alto. Temos de esperar em Deus quando oramos. Podemos não saber como Ele responderá, mas sabemos que Ele se agrada quando o buscamos e lhe apresentamos nosso coração em constante oração.

A mulher cananeia persistiu com Jesus. Quando Ele lhe disse: "Não fui enviado senão às ovelhas perdidas da casa de Israel", ela "veio e o adorou" e pediu novamente. Quando Ele respondeu: "Não é bom tomar o pão dos filhos e lançá-lo aos cachorrinhos", nem isso a deteve.

"Sim, Senhor", disse ela, "porém os cachorrinhos comem das migalhas que caem da mesa dos seus donos".

Então veio a resposta que ela ansiava por ouvir: "Ó mulher, grande é a tua fé! Faça-se contigo como queres" (MATEUS 15:24-28).

ORAÇÃO *pelos filhos* PRÓDIGOS

Demorou um pouco para chegar a esse ponto, mas ela persistiu porque amava sua filha e sabia estar pedindo algo bom para ela.

O mesmo se aplica quando oramos por nossos filhos pródigos. Às vezes, as respostas não vêm quando esperamos. As coisas podem até parecer piorar. Mas devemos perseverar, continuar crendo e continuar pedindo.

Como a mulher cananeia, sabemos que estamos pedindo uma coisa boa quando oramos a Deus para que Ele transforme o coração de nossos filhos. Temos a certeza de que Jesus ama os nossos filhos, pois Ele morreu para possibilitar a salvação deles. Quando lhe pedimos para salvá-los, sabemos estar orando exatamente pelo que Ele quer fazer.

Esperar nunca é fácil, mas o resultado final vale a pena. Davi disse: "Em ti, pois, confiam os que conhecem o teu nome, porque tu, Senhor, não desamparas os que te buscam" (SALMO 9:10).

Continue buscando! Continue confiando! Continue pedindo! Continue orando!

Encontramos graça na espera, mesmo que demore anos para a resposta chegar.

O silêncio de Deus nunca é "a palavra final".

Precisamos esperar em Deus longamente, mansamente,
no vento e na chuva, nos trovões e raios, no frio e no escuro.
Espere e Ele virá. Ele nunca vai aos que não esperam.

FREDERICK W. FABER

---

1. Detalhes adicionais desta lição aprendida sobre oração são compartilhados no livro *The Lost Art of Praying Together* (A arte perdida de orar juntos), do mesmo autor, capítulo 6.

DIA 57

Um coração com discernimento

Os que forem sábios, pois, resplandecerão como o fulgor do firmamento; e os que a muitos conduzirem à justiça, como as estrelas, sempre e eternamente. DANIEL 12:3

Pai, eu amo o pedido de Salomão a ti, quando era jovem: "Dá [...] ao teu servo coração compreensivo [para discernir] entre o bem e o mal" (1 REIS 3:9).
Meu filho precisa discernir entre o bem e o mal, Pai, e eu também necessito de sabedoria ao tentar ajudá-lo.
Oro para que tu concedas a nós dois um coração compreensivo.
Peço pela Tua sabedoria para criar esse filho, Pai, e para descobrir todas as maneiras certas de direcioná-lo a ti.
Minha sabedoria é muito limitada, Pai. Não consigo sem a Tua ajuda.
E agradeço-te porque eu a recebi!
Agradeço-te pela promessa de que, se "algum de vós necessita de sabedoria, peça-a a Deus, que a todos dá liberalmente e nada lhes impropera" (TIAGO 1:5).
Louvo-te porque tu nada improperas, Pai!
Peço pelo discernimento que somente tu podes dar, porque "a sabedoria deste mundo é loucura diante de Deus" (1 CORÍNTIOS 3:19).
Oro para que tu dês a nós dois a "sabedoria [...] lá do alto", que "é, primeiramente, pura" (TIAGO 3:17).
Ajuda meu filho a compreender que "o conhecimento do Santo é prudência" (PROVÉRBIOS 9:10).
Se ele te conhecer, terá tudo que necessita!

Concede-lhe graça para saber que "todos os tesouros da sabedoria e do conhecimento" estão ocultos em Cristo (COLOSSENSES 2:2,3), de modo que ele se converta a ti!

Pela Tua Palavra, torne-o "sábio para a salvação pela fé em Cristo Jesus" (2 TIMÓTEO 3:15).

Ajuda-o a ser "[sábio] para o bem e [símplice] para o mal" (ROMANOS 16:19).

Senhor Jesus, assim como tu crescias "em sabedoria, estatura e graça diante de Deus e dos homens" (LUCAS 2:52), peço que meu filho cresça no Senhor em todos os sentidos.

Que ele resplandeça tanto com a Tua sabedoria, que "a muitos [conduza] à justiça" (DANIEL 12:3).

Obrigado, Pai, por esta ser uma oração que tu amas responder!

Obrigado porque tu dás sabedoria quando pedimos, pois és a fonte dela!

"Ao Deus único e sábio seja dada glória, por meio de Jesus Cristo, pelos séculos dos séculos. Amém" (ROMANOS 16:27).

DIA 58

Maravilhosa luz

Vós, porém, sois raça eleita, sacerdócio real, nação santa, povo de propriedade exclusiva de Deus, a fim de proclamardes as virtudes daquele que vos chamou das trevas para a sua maravilhosa luz. 1 PEDRO 2:9

Eu sempre deixo a luz acesa à noite para meu filho, Pai.
Esta oração também tem a ver com isso.
Peço que a Tua luz seja lançada sobre o caminho dele e o leve a casa.
Permite-lhe ver a Tua luz à distância e ser atraído por ti.
Permite-lhe louvar a ti porque tu o "[chamaste] das trevas para a [tua] maravilhosa luz".
Ainda que ele agora esteja "nas trevas", eu peço que tu sejas a sua luz (MIQUEIAS 7:8).
Louvo-te por não haver trevas tão negras em meio às quais tu não possas mostrar-lhe o caminho de saída.
Leva-o ao lugar onde ele possa dizer: "Tu, Senhor, és a minha lâmpada; o Senhor derrama luz nas minhas trevas" (2 SAMUEL 22:29).
A Tua luz é maravilhosa, Senhor.
Tu és "o Ancião de Dias" (DANIEL 7:22).
Dia e noite, as trevas e a luz estiveram sob o Teu controle desde antes dos tempos eternos.
Tu vês no escuro!
"Até as próprias trevas não te serão escuras" (SALMO 139:12) e no Senhor "não há treva alguma" (1 JOÃO 1:5).
Tu conheces o caminho para meu filho voltar a casa para ser filho "da luz" e filho "do dia" (1 TESSALONICENSES 5:5) — Teu filho!

Então ele andará na Tua luz (ISAÍAS 2:5), neste mundo e no
próximo, até chegar à cidade que "não precisa nem do sol,
nem da lua, para lhe darem claridade", porque a Tua glória "a
iluminou" (APOCALIPSE 21:23).

Sejas sua luz e esperança, Senhor Jesus! És "a luz dos homens"
(JOÃO 1:4)!

Obrigado, Pai, para fazeres Tua luz brilhar "nas trevas" (JOÃO 1:5) e
por deixares a luz acesa para o meu filho.

Conduze-o do "império das trevas [...] para o reino do Filho do
seu amor, no qual temos a redenção, a remissão dos pecados"
(COLOSSENSES 1:13,14).

Então, declararemos os Teus louvores juntos para sempre
(1 PEDRO 2:9), porque tu transformaste a nossa noite em
dia eterno.

DIA 59

De volta à chama

*Não esmagará a cana quebrada,
nem apagará a torcida que fumega.*

ISAÍAS 42:3

Ela já teve mais fé, Pai. Lembras-te?
Era lindo ver a fé simples e sincera de uma criança.
Ela amava ao Senhor, e todos eram capazes de ver a pequena vela de sua fé arder brilhantemente.
Mas, então, vieram os ventos.
Embora eu tenha tentado proteger a chama de sua fé do sopro incessante do mundo, isso foi tudo que minhas mãos conseguiram fazer.
É por isso que a estou colocando em Tuas mãos novamente hoje, Senhor Jesus.
Não consigo imaginar algo mais frágil do que uma "torcida que fumega".
Agradeço-te porque o Senhor "[não] apagará" essa vela que é a fé da minha filha.
Protege e nutre-a, Pai, para que ela brilhe intensamente mais uma vez.
Peço-te para cercá-la e proteger a sua fé do mundo (SALMO 5:12).
Repreende o vento e as tempestades do mundo da maneira como fizeste há muito tempo: "Acalma-te, emudece!" (MARCOS 4:39).
Então, ela olhará para ti admirada, como fizeram os Teus discípulos.
Clamo para que a protejas, de todas as maneiras, e à frágil fé possui, para que ela possa "ficar [firme] contra as ciladas do diabo" (EFÉSIOS 6:11).

ORAÇÃO *pelos filhos* PRÓDIGOS

Pai, oro para que envies alguém em que ela confie para lhe contar novamente as boas-novas de Jesus (ATOS 8:35).

Peço que seu coração esteja aberto e que, pelo Teu Espírito amoroso, ela receba a boa-nova "em plena convicção" (1 TESSALONICENSES 1:5).

Oro para que a fé permeie a vida dela de maneira renovada e ousada, e que ela a expresse de maneira constante.

Ajuda-a a ver que "o reino de Deus não consiste em palavra, mas em poder" (1 CORÍNTIOS 4:20).

Oro para que ela possa "compreender, com todos os santos, qual é a largura, e o comprimento, e a altura, e a profundidade" do Teu amor, para que ela possa ser "[tomada] de toda] a Tua plenitude (EFÉSIOS 3:18,19).

Então, reaviva "cada dom que [tu lhe concedeste], de modo que a vela de sua fé volte a arder brilhantemente (2 TIMÓTEO 1:6).

Faz-lhe brilhar tão intensamente, que outros "vejam a luz" (LUCAS 8:16) e se aproximem de ti!

Louvo-te, Senhor, porque, em Tuas mãos, até mesmo um pavio fumegante pode voltar à vida.

Oro em Teu nome para que a fé da minha filha possa arder com muito brilho!

DIA 60

Vestido com a armadura

*Revesti-vos de toda a armadura de Deus,
para poderdes ficar firmes contra as ciladas do diabo.*
EFÉSIOS 6:11

Precisamos vestir meu filho, Senhor. Assim como eu fiz quando era pequeno, só que, desta vez, com uma armadura.
A Tua armadura feita especialmente para ele.
Meu filho ainda não sabe como vesti-la sozinho, então eu peço a Tua ajuda para vesti-la nele. Ele precisa dela mais do que imagina.
Ele tem andado perto demais de onde o inimigo anda; está em perigo.
Mostra-lhe "os teus caminhos, ó SENHOR". Ensina-lhe "as tuas veredas" (SALMO 25:4).
Ajuda-o a "estar [firme]" na Tua verdade, "[cingido] com a verdade" (EFÉSIOS 6:14).
Oro para que ele "[ame] a verdade para [ser salvo]" (2 TESSALONICENSES 2:10).
Vejo a "couraça da justiça" na Tua Palavra, Pai (EFÉSIOS 6:14).
Por favor, vista-a nele.
Assim como Abraão creu no Senhor "e isso lhe foi imputado para justiça; e: Foi chamado" Teu "amigo" (TIAGO 2:23), peço que meu filho creia no Senhor, Jesus, e te conheça como o verdadeiro amigo.
Tu disseste: "Vós sois meus amigos, se fazeis o que eu vos mando" (JOÃO 15:14). Oro para que ele obedeça a ti!
Então, calce seus pés "com a preparação do evangelho da paz" (EFÉSIOS 6:15).

Prepara-o para contar aos outros sobre o Senhor. Neste momento, ele está preparando esse testemunho, mas ainda não sabe disso!

"[Embraço] o escudo da fé", Pai, para "apagar todos os dardos inflamados do Maligno" (EFÉSIOS 6:16).

Eu me colocaria um passo à frente de meu filho se eu pudesse, porém sei que as minhas orações o protegem.

Mas também peço para que ele aprenda a usar esse escudo por si mesmo.

Para isso, ele precisa "[tomar] também o capacete da salvação" (EFÉSIOS 6:17); oro com todo o meu coração para que ele o faça.

Em seguida, dá-lhe "a espada do Espírito, que é a palavra de Deus" (EFÉSIOS 6:17).

Que ele possa amar a Tua Palavra, Senhor!

Ajuda-o a usá-la sempre que for tentado, para que possa permanecer firme.

Faz que ele "[ore] em todo tempo no Espírito [...] com toda perseverança e súplica" (EFÉSIOS 6:18), para ter a mente centrada nas "coisas do Espírito" (ROMANOS 8:5).

Concede-lhe graça para compreender o poder da oração e da eterna diferença que ela faz na vida dele e na vida de outros.

Por favor, ouve esta oração para que possa fazer diferença na vida dele hoje!

DIA 61

Quando os anjos cantam

> *Eu vos afirmo que, de igual modo, há júbilo diante dos anjos de Deus por um pecador que se arrepende.* LUCAS 15:10

Pai, eu te peço para que ele faça os anjos cantarem.
Oro para que ele dê as costas ao seu passado e corra com o coração e a mente abertos ao Senhor!
Posso imaginar a alegria.
Minha alegria aqui na Terra seria apenas parte de uma celebração muito maior, porque "há júbilo diante dos anjos de Deus por um pecador que se arrepende" (LUCAS 15:10).
A Tua Palavra nos fala de "incontáveis hostes de anjos" louvando alegremente ao Senhor (HEBREUS 12:22), e assim deve ser!
"Tu és digno, Senhor e Deus nosso, de receber a glória, a honra e o poder, porque todas as coisas tu criaste, sim, por causa da tua vontade vieram a existir e foram criadas" (APOCALIPSE 4:11).
Senhor, tu criaste o meu filho e lhe deste a vida.
Anseias por ele com amor eterno.
Tu o amaste tanto, que deste o Teu "Filho unigênito, para que todo o que nele crê não pereça, mas tenha a vida eterna" (JOÃO 3:16).
Não admira que os anjos cantem quando um pecador se arrepende!
Oro para que meu filho conheça a alegria do arrependimento, Senhor.
Não apenas a alegria dos anjos ou a minha, mas, sobretudo, a *Tua* e a *dele*!
Tu desejas "que todos cheguem ao arrependimento" (2 PEDRO 3:9) e os recebes de braços abertos quando eles se aproximam.

ORAÇÃO *pelos filhos* PRÓDIGOS

Então, como o pai da história do filho pródigo, tu "[trazes] depressa a melhor roupa e [vestes nele]" (LUCAS 15:22) — um manto de justiça!
Dás uma festa no céu e os anjos cantam!
E a Tua alegria — a Tua pura, perfeita alegria — transparece no rosto dele.
Ele está seguro e em casa, "[libertado] do pecado" (ROMANOS 6:22) para servir-te e amar-te para sempre, restaurado à alegria de um relacionamento correto contigo, finalmente livre!
Rogo para que ele entregue logo o coração dele a ti!
Depois, permitas que ele faça os anjos continuarem a cantar por trazer outros ao Senhor.
Oro para que ele possa compartilhar ativamente a sua fé, para que tenha "pleno conhecimento de todo bem que há" em ti (FILEMOM 1:6).
Eu quase posso ouvir a música tocando, Pai.
Por favor, permite que ele a ouça ainda hoje!

DIA 62

Pela proteção dos anjos

Vede, não desprezeis a qualquer destes pequeninos; porque eu vos afirmo que os seus anjos nos céus veem incessantemente a face de meu Pai celeste.

MATEUS 18:10

A Tua Palavra diz que o Senhor envia os Teus anjos para executar as Tuas "ordens", Pai (SALMO 103:20).

Obrigado por dares aos nossos filhos anjos que "veem incessantemente" a Tua face.

Obrigado por todas as vezes em que cuidaste de meu filho quando eu não pude: os "por pouco", os momentos de fração de segundo demasiadamente rápidos para eu reagir, em que Teu anjo interveio.

Meu filho necessita da proteção de Teus anjos agora, Senhor.

Exatamente como quando enviaste um anjo para vigiar Daniel e "[fechar] a boca aos leões" (DANIEL 6:22).

Necessito que Teus anjos vão aos locais em que eu não posso ir, como fizeste nas noites em que resgataste Pedro "da mão de Herodes" (ATOS 12:11) e abriste "as portas do cárcere" aos apóstolos (ATOS 5:19).

Sei que alguns podem pensar ser presunção de minha parte pedir anjos para alguém que não está onde deveria, mas tu o fizeste anteriormente.

Fizeste-o por Elias, quando ele "temendo [levantou-se] para salvar sua vida" (1 REIS 19:3). "Eis que um anjo o tocou", não uma, mas duas vezes (1 REIS 19:5,7).

Senhor, tu o fizeste também quando Teus anjos pegaram Ló pela mão, na ocasião em que este hesitou sair de Sodoma com sua família, porque lhes foste "misericordioso" (GÊNESIS 19:16).

ORAÇÃO *pelos filhos* PRÓDIGOS

Senhor, és misericordioso! E disseste que "tudo o que desligardes na terra terá sido desligado nos céus" (MATEUS 18:18).
Por isso, peço-te que envies um anjo do céu para ajudar meu filho.
Assim como algumas pessoas "sem o saber acolheram anjos" (HEBREUS 13:2), permitas que um estranho lhe demonstre bondade e que ele reconheça que veio do Senhor.
Ou, como quando enviaste teus anjos aos pastores com a "boa-nova" de Jesus (LUCAS 2:10), envia alguém para compartilhar Teu amor e Tua presença com ele para que creia, procure a ti e se curve diante do Senhor.
Tu disseste que "o anjo do SENHOR acampa-se ao redor dos que o temem e os livra" (SALMO 34:7).
Por "[conhecer] o temor do Senhor" (2 CORÍNTIOS 5:11), com reverência, temor e amor, eu peço que libertes meu filho.
A Tua Palavra me conta acerca do que fizeste àqueles que chamas de Teus: "Em toda a angústia deles, foi ele angustiado, e o Anjo da sua presença os salvou; pelo seu amor e pela sua compaixão, ele os remiu" (ISAÍAS 63:9).
Redime meu filho, Senhor! Que ele seja uma alegria para ti e para todo o céu, porque "há júbilo diante dos anjos de Deus por um pecador que se arrepende" (LUCAS 15:10).
Não sei como o farás, mas eu te peço para ajudá-lo a abrir seu coração a ti.
Eu amaria saber como tu o farás, Senhor, mas sei que até mesmo os "anjos anelam perscrutar" essas coisas (1 PEDRO 1:12).
Então, eu vigiarei, orarei, esperarei e direi com os anjos: "O louvor, e a glória, e a sabedoria, e as ações de graças, e a honra, e o poder, e a força sejam ao nosso Deus, pelos séculos dos séculos. Amém!" (APOCALIPSE 7:11,12).

DIA 63

Tranquilidade no amor do Senhor

*O Senhor, teu Deus, está no meio de ti, poderoso para
salvar-te; ele se deleitará em ti com alegria;
renovar-te-á no seu amor, regozijar-se-á em ti com júbilo.*

SOFONIAS 3:17

"O Senhor, teu Deus, está no meio de ti, poderoso para salvar-te; ele se deleitará em ti com alegria; renovar-te-á no seu amor, regozijar-se-á em ti com júbilo."

Que belos pensamentos, Senhor.

Tu és tudo isso!

Tu *estás* "[comigo]".

Senhor, *és* "poderoso para salvar".

O pensamento de te deleitares em mim e me confortares com Teu amor promove em minha alma uma esperança que este mundo não pode tirar.

Quando imagino que te deleitas em mim com júbilo, lembro-me de que és meu Pai e eu sou Teu filho (1 JOÃO 5:19).

"Que grande o amor nos tem concedido o Pai, a ponto de sermos chamados filhos de Deus; e, de fato, somos filhos de Deus" (1 JOÃO 3:1).

Pai, quando minha filha era pequena, eu me *deleitava* nela com júbilo.

Havia canções de ninar e canções felizes, e momentos tranquilos apenas entre nós.

Como era bom simplesmente abraçá-la e sentir a suavidade de sua bochecha próxima à minha.

Que presente ela era, Pai, e ainda é!

Mesmo ela tendo feito escolhas que entristeceram a mim e ao Senhor, não posso desistir dela.

ORAÇÃO *pelos filhos* PRÓDIGOS

"[Orarei] em todo tempo" (EFÉSIOS 6:18) até ela ser restaurada a um relacionamento correto contigo.

Então, quando ela voltar para ti, orarei um pouco mais, louvando-te pelo que fizeste!

No "repouso e segurança" que vêm somente de ti (ISAÍAS 32:17), eu esperarei, vigiarei e orarei.

Tu és "o Deus da paciência e da consolação" (ROMANOS 15:5).

Teu amor irá percorrer a distância para trazê-la para casa.

Faz que isso aconteça logo, Senhor!

Mal posso esperar para ver o rosto dela refletindo Teu amor, bondade e graça porque tu fazes "resplandecer [o Teu] rosto sobre" ela (NÚMEROS 6:25).

Devido à Tua bondade e misericórdia, eu "não [desfaleço]" (2 CORÍNTIOS 4:1).

Sou encorajado pela visão de *estares* com ela, "[deleitando-te]" nela, renovando-a no Teu amor e regozijando-te nela "com júbilo".

Ó Senhor, *és* "poderoso para [salvar]", Pai!

Toda a minha esperança está em ti.

Notas:

SEMANA 10

Quem pecou?

*E os seus discípulos perguntaram: Mestre, quem pecou,
este ou seus pais, para que nascesse cego?* JOÃO 9:2

Certo sábado à tarde, quando veio da faculdade para casa, minha irmã saiu para almoçar em um restaurante local com papai. Eles estavam de mãos dadas sobre a mesa e conversando atentos quando, em casa, o telefone tocou.

Minha mãe atendeu. Era uma senhora de nossa igreja.

— Sra. Banks, você sabe onde seu marido está? É meu dever cristão informá-la que ele está almoçando com uma *coisinha* loira.

Mamãe, que sabia exatamente onde papai estava, decidiu entrar no jogo: — Ele está fazendo isso de novo?

— A senhora quer dizer que ele já fez isso antes?

— Ah, sim. Obrigada por contar-me. Até logo.

Esse foi o fim da conversa.

Na manhã seguinte, mamãe fez a família esperar nos degraus à frente da igreja após o culto. Quando a mulher que havia telefonado saiu pela porta da frente, mamãe apontou para minha irmã e disse, com um sorriso: — Eu gostaria de lhe apresentar a minha filha.

Alguma vez você já tirou conclusões precipitadas, sem conhecer todos os fatos? Foi isso o que os discípulos fizeram ao encontrar certo homem cego e perguntar a Jesus: "Mestre, quem pecou, este ou seus pais, para que nascesse cego?"

Em Sua Palavra, Deus promete que "o filho não levará a iniquidade do pai, nem o pai, a iniquidade do filho" (EZEQUIEL 18:20). Mas, como a pergunta dos discípulos demonstrou, no tempo de Jesus muitos acreditavam que uma enfermidade era resultado direto de pecado, na vida do enfermo ou na vida de seus pais.

A resposta de Jesus aos discípulos foi reveladora: "Nem ele pecou, nem seus pais; mas foi para que se manifestem nele as obras de Deus" (JOÃO 9:3). Enquanto os discípulos estavam ocupados procurando o pecado e alguém para culpar, Jesus viu uma oportunidade de demonstrar a grandeza e o amor de Deus. Às vezes, os pais de filhos pródigos podem se encontrar pensando como os discípulos. Procuramos alguém para culpar e não procuramos muito longe. Muitos pais de filho ou filha pródigo, em algum momento, acabam se perguntando: "Deus está me punindo por meio de meu filho por algo que fiz no passado?" Felizmente, a resposta de Jesus aos discípulos e a promessa de Deus por meio de Ezequiel indicam que a resposta a essa pergunta é um enfático "Não".

A promessa de Deus por meio de Ezequiel deixa claro que cada um de nós precisa assumir a responsabilidade por seus próprios atos. Não podemos culpar os pais ou a genética por nossos pecados. Também não podemos nos culpar pelas escolhas pecaminosas de um filho ou uma filha. Ainda assim, isso nem sempre é fácil.

Houve momentos em que ouvi palavras de meus pais saindo de minha boca quando falo com meus filhos (as palavras: *Porque eu disse que é assim!* Vêm à mente). Também ouvi as palavras que disse a meus pais saindo da boca de meus filhos. Quando essas palavras eram dolorosas, peguei-me pensando: "Isso me soa demasiadamente familiar. Meu passado está voltando para me assombrar? Deus está me julgando por minha própria rebelião, dando-me um filho rebelde? Isto é uma vingança?"

Felizmente, Deus não vê desse modo. Vale a pena repetir e levar a sério a Sua promessa: "O filho não levará a iniquidade do pai." Sou grandemente confortado nisso, porque não quero que meus filhos carreguem o fardo de coisas que fiz no passado. Também é bom saber que Deus não as está mantendo contra mim.

ORAÇÃO *pelos filhos* PRÓDIGOS

A cegueira espiritual dos filhos não é causada por pecados dos pais, mas pelo pecado que faz parte da natureza caída que todos nós compartilhamos, porque "todos pecaram e carecem da glória de Deus" (ROMANOS 3:23). E há consequências; precisamos nos arrepender do pecado e deixá-lo ao pé da cruz. Porém, antes disso acontecer em relação aos filhos pródigos, Jesus precisa abrir-lhes os olhos.

É encorajador que Jesus foi até o homem cego de nascença por iniciativa própria. O homem não pediu a ajuda do Senhor. Jesus *o* procurou. Ele *parou* e olhou para os olhos cegos do homem.

Jesus é capaz de encontrar nossos filhos quando eles não estão procurando por Ele. Deus tem maneiras de alcançá-los, que nunca imaginamos. Jesus ama os nossos filhos pródigos e quer demonstrar a obra de Deus na vida deles, não importa o que tenham feito. "Deus prova o seu próprio amor para conosco pelo fato de ter Cristo morrido por nós, sendo nós ainda pecadores" (ROMANOS 5:8). Jesus quer alcançar nossos filhos e libertá-los, para que se tornem testemunhas da bondade e do poder do Pai e algum dia levem outros ao reino.

Nossos filhos pródigos ainda não sabem, mas, neste exato momento, eles estão apenas preparando os seus testemunhos.

Jesus está se aproximando deles e, algum dia, eles contarão tudo o que Ele fez por eles, como fez por outro jovem há muito tempo. Algum dia, "os olhos" de seus corações serão "iluminados" (EFÉSIOS 1:18) e suas palavras serão iguais às daquele jovem: "Uma coisa sei: eu era cego e agora vejo" (JOÃO 9:25).

Não há lugar onde as tristezas da terra
sejam mais sentidas do que no céu;
não há lugar onde as falhas da terra
recebem tão brando julgamento.

FREDERICK W. FABER, *THERE'S A WIDENESS IN GOD'S MERCY*
(A MISERICÓRDIA DE DEUS É INCALCULÁVEL)

DIA 64

Pecados dos pais?

*Caminhando Jesus, viu um homem cego de nascença.
E os seus discípulos perguntaram: Mestre, quem pecou, este
ou seus pais, para que nascesse cego?*

JOÃO 9:1,2

Às vezes, sinto vontade de fazer a mesma pergunta que estava na mente dos discípulos. Senhor: "Quem pecou, este ou seus pais?"

Às vezes, fico a imaginar se a cegueira espiritual na vida de meu filho é devida a algum pecado que cometi no passado.

Obrigado, Pai, porque não vês as coisas desse modo.

Houve um tempo em que punias "a iniquidade dos pais nos filhos até à terceira e quarta gerações" (NÚMEROS 14:18), mas isso não ocorre mais.

Senhor, tu fizeste algo inteiramente novo!

Em Tua Palavra, prometes que "o filho não levará a iniquidade do pai, nem o pai, a iniquidade do filho".

E dizes que julgarás "a cada um segundo os seus caminhos".

Obrigado, Pai, porque por Tua misericórdia podemos ter "coração novo e espírito novo" (EZEQUIEL 18:20,30,31).

Entendo que todos nós somos "cegos de nascença", porque através do pecado de Adão, "entrou o pecado no mundo" (ROMANOS 5:12) e que " todos pecaram e carecem " da Tua glória (ROMANOS 3:23).

"Não há justo, nem um sequer" (ROMANOS 3:10).

Mas prometeste: "Dar-vos-ei coração novo e porei dentro de vós espírito novo."

Senhor, tu mesmo disseste: "Porei dentro de vós o meu Espírito e farei que andeis nos meus estatutos" (EZEQUIEL 36:26,27).

ORAÇÃO *pelos filhos* PRÓDIGOS

Eu te louvo porque abriste para nós um "novo e vivo caminho" (HEBREUS 10:20) por meio do Teu Filho!

Senhor, tu "nos [preparaste] para isto, outorgando-nos o penhor do Espírito" (2 CORÍNTIOS 5:5)!

Obrigado porque a Tua Palavra nos assegura: "Para vós outros é a promessa, para vossos filhos e para todos os que ainda estão longe, isto é, para quantos o Senhor, nosso Deus, chamar" (ATOS 2:39)!

Meu filho está muito distante, Senhor, como eu estava. Por favor, chama-o.

Que ele ouça a Tua voz chamando-o de volta ao lar.

Eu te louvo porque "não [recordas] contra nós as iniquidades de nossos pais" (SALMO 79:8).

"Contigo, porém, está o perdão" (SALMO 130:4)!

Ó Senhor, embora nasçamos espiritualmente cegos, em Tua misericórdia tu nos tocas e abres nossos olhos para que possamos "[contemplar] as maravilhas" (SALMO 119:18).

Assim como fizeste para com aquele jovem "cego de nascença", peço que olhes para meu filho com Teu amor e compaixão.

Ó Senhor, por favor, faz que meu filho veja hoje a maravilha de tudo que tu és!

DIA 65

Força para prosseguir

Ainda que a figueira não floresça, nem haja fruto na vide; o produto da oliveira minta, e os campos não produzam mantimento; as ovelhas sejam arrebatadas do aprisco, e nos currais não haja gado, todavia, eu me alegro no Senhor, exulto no Deus da minha salvação.

HABACUQUE 3:17,18

Eu me lembrarei disso, Senhor: É sempre bom louvar-te, independentemente de como me sinto neste momento.
"Porque grande é o Senhor e mui digno de ser louvado"
(1 CRÔNICAS 16:25).
"Eu me alegro no Senhor, *exulto* no Deus da minha salvação" (HABACUQUE 3:18), independentemente de minhas circunstâncias exteriores em determinado dia. E *por que não?*
Sim, os tempos estão difíceis com minha filha. Ela está fugindo de mim e do Senhor.
Meu coração dói. Anseio por tomá-la em meus braços e protegê-la contra danos, se ela quiser.
Então, lembro-me da Tua Palavra e da Tua promessa: "Contudo, o Senhor espera o momento de ser bondoso com vocês; ele ainda se levantará para mostrar-lhes compaixão..."
(ISAÍAS 30:18 NVI).
Há um grande sentido na palavra, "contudo". Tu sabes como me sinto, não sabes?
Não só a respeito de minha filha, mas de toda a raça humana.
Foi por isso que vieste, por que enviaste o *Teu* único filho:
"Todos nós andávamos desgarrados como ovelhas; cada um se desviava pelo caminho, mas o Senhor fez cair sobre ele a iniquidade de nós todos" (ISAÍAS 53:6).

Senhor, não só entendes, como enfrentaste nossa rebelião com um coração que sente com mais "profundidade" do que eu jamais poderia conhecer (ROMANOS 11:33).

Louvo-te por isso e esperarei em ti, porque "desde a antiguidade não se ouviu, nem com ouvidos se percebeu, nem com os olhos se viu Deus além de ti, que trabalha para aquele que nele espera" (ISAÍAS 64:4).

Mesmo que minha filha esteja muito longe de ti agora, "a mão do Senhor não está encolhida, para que não possa [salvá-la]" (ISAÍAS 59:1).

Tu queres chamá-la para perto. Em Tua Palavra, tu nos dizes que "para vós outros é a promessa, para vossos filhos e para todos os que ainda estão longe, isto é, para quantos o Senhor, nosso Deus, chamar" (ATOS 2:39).

Agarro-me a essa promessa e ao Senhor.

Escolho louvar-te e esperar em ti, porque isso é o melhor a fazer e tu o mereces. E nos abençoas ainda mais quando confiamos em ti.

"Os que esperam no Senhor renovam as suas forças" (ISAÍAS 40:31).

"Bem-aventurado o povo que conhece os vivas de júbilo" (SALMO 89:15).

"Bem-aventurado o homem cuja força está em ti" (SALMO 84:5)!

Eu sou abençoado, Senhor. Tu és a minha bênção!

E eu te louvo com todo o meu coração por *seres* quem és!

DIA 66

Senhor, até quando?

Senhor, até quando?
SALMO 6:3

Senhor, ouvi dizer que eu não devo orar por paciência e que, se peço paciência, só estou pedindo dificuldade.
Não quero acreditar que essa seja a dinâmica.
Melhor dizendo, não quero acreditar que ages sempre dessa maneira.
A Tua Palavra diz: "Bom é o Senhor para os que esperam por ele, para a alma que o busca" (LAMENTAÇÕES 3:25).
Espero em ti e, esta manhã, estou te buscando mais uma vez.
Senhor, sei que és fiel e que respondes à oração.
Mas, neste momento, eu gostaria de perguntar-te (como fez Davi): "Senhor, até quando?"
Tu prometes em Tua Palavra: "Pedi, e dar-se-vos-á; buscai e achareis; batei, e abrir-se-vos-á" (MATEUS 7:7).
Ainda assim, às vezes, sinto-me como se estivesse pedindo, buscando e batendo àquela porta durante dias a fio e ela ainda permanece fechada e trancada.
Este é um desses momentos. Sinto-me preso entre "como é e como poderia ser".
Amaria ver uma transformação no coração e na vida de meu filho, e confio em que tu farás isso acontecer, mas ainda não aconteceu.
Não quero que isso soe como "murmurações", Pai (FILIPENSES 2:14), ou me parecer com aqueles que murmuraram contra ti no deserto (NÚMEROS 14:29).

Quando venho ao Senhor em oração, tu conheces meu coração
por inteiro (2 CRÔNICAS 6:30). Sabes que o que estou fazendo
é *ansiar*.

"Suspiro, SENHOR, por tua salvação" (SALMO 119:174).

Anseio por ver o coração de meu filho repleto da alegria que só tu
podes dar (SALMO 4:7).

Anseio vê-lo "[apartando-se] do mal e [praticando] o que é bom"
(SALMO 34:14).

Como o pai que viu seu filho pródigo retornando ao lar enquanto
"vinha ele ainda longe" (LUCAS 15:20), eu estou observando
e esperando.

Estou "à espera da tua salvação" (SALMO 119:123).

Meus olhos "estão fitos no SENHOR [...] até que se compadeça de
nós" (SALMO 123:2).

Senhor Jesus, assim como outros que, no passado, clamaram
a ti e continuaram clamando até vir uma resposta, eu estou
clamando: "Senhor, Filho de Davi, tem misericórdia de nós!"
(MATEUS 20:30,31).

Estou depositando toda a minha esperança em ti e pedindo por
paciência para continuar esperando, continuar observando,
continuar clamando... independentemente de quanto
tempo levar.

Senhor, eu te louvo antecipadamente pelo dia em que o Teu
propósito será cumprido na vida de meu filho.

Louvo-te pelo dia em que ele e eu diremos juntos: "Hoje, houve
salvação nesta casa [...] Porque o Filho do Homem veio
buscar e salvar o perdido" (LUCAS 19:9,10).

DIA 67

Quando você está "cansado de orar"

*Quem os condenará? É Cristo Jesus quem morreu ou,
antes, quem ressuscitou, o qual está
à direita de Deus e também intercede por nós.*

ROMANOS 8:34

Às vezes, sinto-me dormente demais para orar, Pai.
Não é que eu não creia que tu respondes à oração. Eu creio.
Porém, às vezes, quando oro, oro e não vejo mudança alguma em minha filha, fico desanimado.
Por favor, perdoa minha falta de fé e minha impaciência, Senhor.
Ajuda-me a permanecer atento à Tua palavra sobre o "dever de orar sempre e nunca esmorecer" (LUCAS 18:1).
Quando a mulher continuou a bater à porta do "juiz iníquo" (LUCAS 18:6), o seu pedido foi atendido.
Quando a mulher cananeia implorou a ti pela filha dela e os discípulos tentaram mandá-la embora, tu atendeste ao pedido da mulher (MATEUS 15:25-28).
Quando o homem bateu à porta de seu amigo após a meia-noite e o amigo quis que ele fosse embora, tu afirmaste: "Se não se levantar para dar-lhos por ser seu amigo, todavia, o fará por causa da importunação e lhe dará tudo o de que tiver necessidade" (LUCAS 11:8).
Ajuda-me a ser ousado, Senhor! Especialmente agora!
Minha filha precisa que eu seja ousado e eu sei que tu queres que eu seja ousado.
Quero te agradecer por me ajudares a orar. Preciso especialmente dessa ajuda neste momento.
Obrigado porque estás "à direita" do Pai e "intercedes por nós" (ROMANOS 8:34).

Espírito Santo, eu te louvo por estares orando por mim e por minha filha "com gemidos inexprimíveis" (ROMANOS 8:26).

Senhor Jesus, agradeço-te porque, quando a minha fé esmorece, tu "[permaneces] fiel" (2 TIMÓTEO 2:13).

Louvo-te porque a "fé como um grão de mostarda" pode mover montanhas (MATEUS 17:20). Essa é a fé que tenho!

Minha fé pode ser pequena neste momento, mas é suficiente quando eu a deposito em Tuas mãos.

Por isso, coloco minha filha em Tuas mãos novamente, independentemente do tamanho dos desafios.

Tu mesmo disseste: "Os impossíveis dos homens são possíveis para Deus" (LUCAS 18:27) e "para Deus tudo é possível" (MARCOS 10:27).

Apego-me a essas promessas neste momento e te louvo porque "quantas são as promessas de Deus, tantas têm nele [em Cristo] o sim" (2 CORÍNTIOS 1:20).

Senhor, continuarei te buscando e continuarei orando. Como posso não o fazer?

Teu "Sim!" É tudo que preciso.

DIA 68

Quando ele é mais velho

Ensina a criança no caminho em que deve andar, e, ainda quando for velho, não se desviará dele.
PROVÉRBIOS 22:6

Pai, posso ver meu filho daqui a vários anos. Quando minhas orações já tiverem sido atendidas e o coração dele tiver se voltado ao Senhor.

Posso vê-lo forte, "homem bom, cheio do Espírito Santo e de fé" (ATOS 11:24).

Senhor, para que isso aconteça, sei que preciso fazer o meu melhor para construir um "sólido fundamento" (1 TIMÓTEO 6:19) para ele.

De tudo que posso fazer por meu filho, entendo que nada é mais importante do que compartilhar o Teu amor com ele, não apenas "de palavra, nem de língua, mas de fato e de verdade" (1 JOÃO 3:18).

Ainda que este seja um momento de desafios na vida dele, ajuda-me a estar preparado, "quer seja oportuno, quer não", para que eu possa "[corrigir, repreender, exortar] com toda a longanimidade e doutrina" (2 TIMÓTEO 4:2).

Louvo-te pela verdade de que, se eu ensinar meu filho "no caminho em que deve andar, [...] ainda quando for velho, não se desviará dele".

Quero ajudá-lo a "[apoderar-se] da verdadeira vida" (1 TIMÓTEO 6:19).

Que ele seja poupado da dor e dificuldade de anos vividos afastado de ti, e que em breve ele entregue o coração dele a ti!

Tu nos dizes que devemos estar prontos, "porque, à hora em que não cuidais, o Filho do Homem virá" (MATEUS 24:44).

Eu oro para que ele esteja pronto e deseje entregar seu coração a ti hoje!

Prometes que a Tua Palavra não voltará vazia a ti, "mas fará o que [lhe] apraz e prosperará naquilo para que [o Senhor] a [designou]" (ISAÍAS 55:11).

Oro para que me ajudes a transmitir a Tua Palavra e o Teu amor ao meu filho.

Ajuda-me a tornar as boas-novas de Jesus tão claras a ele quanto eu for capaz.

Dá-lhe "ouvidos para ouvir" a Tua Palavra quando eu a compartilhar com ele, para que meu filho a escute e a compreenda verdadeiramente (MARCOS 4:9).

Que ele não apenas ouça a Palavra, mas ajuda-o a praticá-la e a seguir-te em obediência e amor (TIAGO 1:22).

Senhor, amo meu filho e te agradeço por confiá-lo a mim.

Sei que tu o deste a mim para que eu possa direcioná-lo a ti.

Tu és "o Deus que vivifica os mortos e chama à existência as coisas que não existem" (ROMANOS 4:17).

Oro para que o vivifiques em ti e o chames de Teu!

Por fé, posso ver chegar o dia em que ele será "tomado de toda a plenitude" que desejas dar a ele (EFÉSIOS 3:19).

E te louvo porque tu és fiel e o farás (1 TESSALONICENSES 5:24).

DIA 69

Quando a tristeza e o gemido fogem

Os resgatados do SENHOR voltarão e virão a Sião com cânticos de júbilo; alegria eterna coroará a sua cabeça; gozo e alegria alcançarão, e deles fugirá a tristeza e o gemido.
ISAÍAS 35:10

Que dia será esse, Senhor!
O dia em que minha filha voltar a ti, resgatada, perdoada, restaurada e abençoada.
Quase posso ouvi-la cantar!
Anseio por Tua "eterna alegria" ao coroá-la, e a dela ao encontrar "satisfação da alma" em ti!
Posso imaginar como será esse dia, Senhor.
Posso ver Teu "gozo e alegria" se aproximando dela, chegando cada vez mais perto até tomá-la por completo a ponto de encontrar em ti o que o coração dela deseja.
Posso também ver "a tristeza e o gemido" fugirem à medida que cada uma das mágoas e decepções do mundo for dissipada "sob a luz do teu rosto" (SALMO 90:8), e "[resplandecer]" (SALMO 50:2) a verdade e a beleza de tudo que tu és.
Eu te louvo, Pai, pelo que farás.
Oro para que, mesmo agora, tu prepares o coração de minha filha para isso: remove toda resistência, supera todo argumento, expõe cada fascínio e falsa afeição até que ela venha a compreender que tu és a mais profunda necessidade e a maior esperança para ela.
Que nada a impeça, Senhor!
Tu disseste: "O que desligares na terra terá sido desligado nos céus" (MATEUS 16:19).
Liberta-a de toda restrição que a impede de ir a ti.

ORAÇÃO *pelos filhos* PRÓDIGOS

Libera todas as bênçãos que tens à sua espera, que atrairão o coração dela a ti.

Em Tua sabedoria perfeita, dizes: "Eu amo os que me amam; os que me procuram me acham" (PROVÉRBIOS 8:17).

Senhor, permite que ela te procure, encontre e ame!

Eu te louvo, Senhor Jesus, por teres vindo para dar a Tua "vida em resgate por muitos" (MARCOS 10:45).

Oro com todo meu coração para que minha filha esteja entre os resgatados que cantam de alegria ao retornarem a ti!

DIA 70

Mais do que eu peço ou imagino

*Ora, àquele que é poderoso para fazer infinitamente mais
do que tudo quanto pedimos ou pensamos, conforme
o seu poder que opera em nós, a ele seja a glória, na igreja
e em Cristo Jesus, por todas as gerações, para
todo o sempre. Amém!* EFÉSIOS 3:20,21

Senhor, posso imaginar a diferença que farás na vida de meu filho no dia em que ele voltar a ti.

Porém, te louvo porque, independentemente do que eu esteja ansiando, tu és "poderoso para fazer *infinitamente* mais do que tudo quanto [peço] ou [penso]".

Obrigado, Pai Todo-poderoso, por "coisas maravilhosas demais para mim" (JÓ 42:3).

Minha oração é para que meu filho esteja entre as "gerações" que te louvam "para todo o sempre", mas podes fazer até mais do que isso! Podes usá-lo para levar outros a ti!

Tu és "maravilhoso em conselho e grande em sabedoria" (ISAÍAS 28:29)!

"Eu sou teu servo" (1 REIS 18:36), Senhor. Eu quero te servir da maneira que quiseres, para ajudar meu filho a se aproximar de ti.

Peço-te: "dá-me entendimento" para tudo que desejas (SALMO 119:125).

Senhor, oro para que o convenças de qualquer pecado em sua vida que o impeça de ir a ti.

Oro para que ele seja "[purificado] dos seus pecados de outrora" (2 PEDRO 1:9) confessando-os a ti e encontrando misericórdia por meio do "sangue de Jesus", que "nos purifica de todo pecado" (1 JOÃO 1:7).

ORAÇÃO *pelos filhos* PRÓDIGOS

Pai, faze-o compreender profundamente em seu coração que enviaste Jesus para salvá-lo, porque "aquele que confessar que Jesus é o Filho de Deus", e que tu viverás "nele, e ele" em ti (1 JOÃO 4:15).

Pai, porque entregastes o Teu filho a mim sem restrições, entrego o meu filho a ti.

Isso é justo porque, primeiramente, ele foi o Teu presente a mim. "Eis que todas as almas são" Tuas (EZEQUIEL 18:4).

Revive meu filho, Senhor! Sopra a vida eterna na alma dele.

"E a vida eterna é esta: que [ele conheça] a ti, o único Deus verdadeiro, e a Jesus Cristo, a quem enviaste" (JOÃO 17:3).

"São muitas, SENHOR, Deus meu, as maravilhas que tens operado" (SALMO 40:5).

Faze outra, Pai! Oro para que não somente meu filho seja vivificado em ti hoje, mas que tu não pares nesse ponto!

Faz "infinitamente mais", porque "coisa alguma te é demasiadamente maravilhosa" (JEREMIAS 32:17)!

Notas:

SEMANA 11

O Bom Pastor

E murmuravam os fariseus e os escribas, dizendo: Este recebe pecadores e come com eles. Então, lhes propôs Jesus esta parábola: Qual, dentre vós, é o homem que, possuindo cem ovelhas e perdendo uma delas, não deixa no deserto as noventa e nove e vai em busca da que se perdeu, até encontrá-la? Achando-a, põe-na sobre os ombros, cheio de júbilo. E, indo para casa, reúne os amigos e vizinhos, dizendo-lhes: Alegrai-vos comigo, porque já achei a minha ovelha perdida. Digo-vos que, assim, haverá maior júbilo no céu por um pecador que se arrepende do que por noventa e nove justos que não necessitam de arrependimento. LUCAS 15:2-7

A estrada que liga Amarillo a Albuquerque, nos EUA, é bem longa. Especialmente quando seus filhos estão naquela idade do "já chegamos?".

Porém, aquele era um momento tranquilo. Bryan estava dormindo (finalmente!), Cari estava dirigindo, e Katie e eu estávamos no banco de trás, observando a passagem das linhas no asfalto.

Katie não dorme muito no carro. Ela puxou isso de mim. Cari e Bryan adormecem em qualquer lugar. Katie e eu somos diferentes.

Era o meio da manhã. Havíamos saído cedo para não pegar o calor do deserto. Cari tentou ser útil:

— Que tal vocês dois fecharem os olhos e dormirem?

Teria sido mais fácil ela nos dizer para nos amarrarmos ao rack no teto do carro — nossos olhos estavam arregalados. Havíamos lido todos os livros de Katie, brincado com suas Barbies e cantado todas as músicas que conseguimos lembrar. Mas a rodovia I-40 era impiedosa. Ela prosseguia em uma reta muito longa.

Então, Katie teve uma ideia nova:

— Papai, você me conta uma história?

Katie amava as minhas histórias e sabia que eu adorava contá-las. De repente, a viagem se tornou interessante para nós dois. As histórias se sucediam rapidamente.

— Conte outra!

Aquilo continuou até o poço de criatividade do papai secar.

— Não consigo pensar em alguma outra coisa agora, Katie.

— Vai, papai! Só mais uma! Você não conhece outras histórias?

— Bem, há uma. E não é uma história qualquer. Ela é a melhor história de todas, porque é verdadeira.

Eu havia compartilhado a boa-nova de Jesus com Katie várias vezes antes, mas, desta vez, foi diferente. Percebi que ela estava compreendendo as palavras e atentando a elas, e Deus estava me permitindo explicar o evangelho com uma clareza que só poderia ter vindo dele. Seu Espírito estava agindo. Eu conseguia sentir isso.

Expliquei-lhe a história da salvação, desde a criação até a Páscoa, e ela ouviu atentamente. Quando lhe perguntei se ela acreditava que era verdade, ela balançou a cabeça afirmativamente. Quando perguntei se ela gostaria de pedir a Jesus para entrar em seu coração e tirar os seus pecados, sua resposta foi um imediato "Sim!".

Curvamos nossas cabeças e oramos com palavras sinceras. Foi um momento precioso do qual sempre me lembrarei. Naquele momento, Cari e eu entendemos que Deus estava fazendo algo muito especial na vida de nossa filha, mesmo com sua tenra idade.

Às vezes, aquele momento parece ter acontecido há muito tempo, embora faça pouco mais de uma década. Katie está na faculdade agora, e as escolhas que ela fez durante a adolescência foram, por vezes, dolorosas. Algumas noites, fomos lembrados do que nos disse um amigo plantador de igrejas como eu (um pastor que abre uma nova igreja): "Ser um plantador de igrejas é como pintar um alvo nas suas costas e dizer ao diabo: 'Venha me pegar'." Em nosso caso, o diabo foi atrás de nossos dois filhos.

Porém, ele não é o único que está indo atrás deles. Cari e eu não só os buscamos com nossas orações, como estamos fazendo nosso melhor para mantermos o ritmo do Bom Pastor enquanto Ele dá passos largos para trazê-los de volta ao aprisco.

A parábola de Jesus acerca da ovelha perdida, em Lucas 15:1-7, fala do pastor e das ovelhas. O pastor tem tal sensação de perda ao descobrir que lhe falta uma ovelha, que deixa noventa e nove ovelhas "no deserto" para ir atrás de uma. "Achando-a, põe-na sobre os ombros, cheio de júbilo". Em seguida, chama seus amigos e dá uma festa. Jesus termina a parábola dizendo: "Digo-vos que, assim, haverá maior júbilo no céu por um pecador que se arrepende do que por noventa e nove justos que não necessitam de arrependimento".

Esse tipo de alegria me diz alguma coisa. O Bom Pastor não desistirá de procurar, mesmo que leve a vida toda. Embora o caminho seja longo, difícil e íngreme, Ele perseverará. Ele sabe onde Suas ovelhas estão e encontrará o caminho até elas.

Por isso, precisamos fazer o melhor para nos mantermos junto a Ele enquanto a busca continua. Quando Ele as trará a casa, não sabemos. Só sabemos que Ele as está procurando. E isso nos dá a esperança de que precisamos para seguir em frente.

Mesmo que Sua ovelha esteja desgarrada, ela pode estar perto. O Bom Pastor sabe e tem meios de nos surpreender. Eu vi a Sua obra antes. Indo em direção ao oeste pela I-40, contemplei as terras ermas se abrirem na Terra Prometida.

A resposta às nossas orações poderia estar logo após a curva.

Não temas, pois, porque sou contigo; trarei [...] meus filhos de longe e minhas filhas, das extremidades da terra.

ISAÍAS 43:5,6

DIA 71

O Teu sonho para minha filha

> E acontecerá, depois, que derramarei o meu Espírito sobre toda a carne; vossos filhos e vossas filhas profetizarão, vossos velhos sonharão, e vossos jovens terão visões.
>
> JOEL 2:28

Pai, tens para minha filha, uma visão indescritivelmente bela.
Senhor, tu és "maravilhoso em conselho e grande em sabedoria" (ISAÍAS 28:29).
Posso apenas imaginar o que planejaste para ela!
Tenho tantos sonhos para minha filha, Pai.
Acredito querer coisas boas para ela. Mas minha sabedoria é limitada e meu coração foi manchado pelo pecado.
Por isso, quero o que tu queres. Tua visão para ela, Teu sonho para o futuro dela!
Não existe pecado em ti (1 JOÃO 3:5). Teu caminho é perfeito (2 SAMUEL 22:31).
Senhor, tu prometeste: "Invoca-me, e te responderei; anunciar-te-ei coisas grandes e ocultas, que não sabes" (JEREMIAS 33:3).
Eu te invoco por ela e te agradeço porque tu responderás.
Não preciso conhecer a Tua visão para a vida dela *tanto quanto ela precisa saber disso*.
Ela precisa "[provar e ver] que o Senhor é bom" (SALMO 34:8).
Minha filha precisa saber que tu és "fortaleza no dia da angústia" e que te importas com "os que se refugiam" em ti (NAUM 1:7).
Ela tem um adversário que tu conheces melhor do que eu, embora "não lhe [ignoremos] os desígnios" (2 CORÍNTIOS 2:11).
Pai, peço-te no poderoso nome de Jesus que frustres todo plano que o inimigo tenha contra a minha filha.

ORAÇÃO *pelos filhos* PRÓDIGOS

Anseio por ver o Teu Espírito abençoá-la, Pai, enquanto ela ainda é jovem.
Que ela seja feliz em ti, e que o coração dela lhe dê alegria e sabedoria para saber que, algum dia, estará diante do Senhor.
Minha filha precisa te reconhecer em todos os caminhos dela, para que tu endireites as suas "veredas" (PROVÉRBIOS 3:6) e a proteja contra os "laços" (PROVÉRBIOS 14:27) que lhe seriam danosos.
Senhor Jesus, oro para que ela aprenda contigo, porque tu és "manso e humilde de coração."
Em ti, ela "[achará] descanso" para a sua alma (MATEUS 11:29).
Sê o descanso dela, Senhor, e a sua "paz" (EFÉSIOS 2:14).
Sê a vida e o propósito dela, seu objetivo final. Esse é o Teu sonho para a minha filha.
"[Bem-aventurada]" é ela, "que tem o Deus de Jacó por seu auxílio, cuja esperança está no Senhor" (SALMO 146:5).
Ó, Senhor, sejas a ajuda e a esperança dela!
Pai, por favor, concede à minha filha graça para retornar a ti!

DIA 72

Convertendo corações

*Ele converterá o coração dos pais aos filhos
e o coração dos filhos a seus pais.*
MALAQUIAS 4:6

Obrigado, Senhor, por converteres meu coração ao meu filho.
Que bênção é orar por ele! Sou grato pelo privilégio e pela oportunidade de te ver movendo na vida dele em resposta a oração.
Quando oro, lembro-me do quanto tu o amas e da verdade de que "haverá [um] bom futuro" para ele que "não será [frustrado]" (PROVÉRBIOS 24:14), devido à Tua bondade.
Pai, eu gostaria de te pedir para converteres o coração dele também.
"Converta-se ao Senhor, que se compadecerá dele, e volte-se para o nosso Deus, porque é rico em perdoar" (ISAÍAS 55:7).
Pai, o pensamento de estar separado de meu filho por toda a eternidade é mais do que posso suportar.
Ele precisa se voltar para ti, Pai! Senhor, tu és "o Deus libertador" (SALMO 68:20).
Por favor, liberta-o! Enche-o "de todo o gozo e paz" ao confiar em ti (ROMANOS 15:13). Que isso aconteça hoje!
Oro para que tu o fortaleças com poder por intermédio do Teu Espírito em seu interior para que "habite Cristo" no coração dele pela fé (EFÉSIOS 3:17).
Pai, ao te moveres no coração dele de uma maneira especial, eu também gostaria de te pedir que convertas o coração dele a mim.
Os últimos anos têm sido difíceis e, por vezes, provocado distância entre nós.

ORAÇÃO *pelos filhos* PRÓDIGOS

Pai, tu podes encontrar o caminho para chegar ao coração dele e fazê-lo saber o quanto eu o amo.

Decido perdoá-lo pelo que aconteceu no passado, Senhor, assim como tu me perdoaste (COLOSSENSES 3:13).

Por favor, ajuda-o também a se livrar de "toda amargura" (EFÉSIOS 4:31) em relação a mim, para que nada macule o amor que temos um pelo outro ou por ti.

Senhor Jesus, há muito tempo, tu oraste para que todos os que creem em ti "sejam um" (JOÃO 17:11).

Oro para que, algum dia, meu filho e eu tenhamos "o mesmo amor, [sendo] unidos de alma, tendo o mesmo sentimento" (FILIPENSES 2:2).

Oro para que ele esteja "bem certo de que nem a morte, nem a vida, nem os anjos, nem os principados, nem as coisas do presente, nem do porvir, nem os poderes, nem a altura, nem a profundidade, nem qualquer outra criatura poderá separar-nos do amor de Deus, que está em Cristo Jesus, nosso Senhor"(ROMANOS 8:38,39).

"Somos mais que vencedores, por meio daquele que nos amou" (ROMANOS 8:37).

O Teu amor conquista tudo, Senhor. Conquista nosso coração para ti!

DIA 73

O confrontador

Mas assim diz o Senhor: *Por certo que os presos se tirarão ao valente, e a presa do tirano fugirá, porque eu contenderei com os que contendem contigo e salvarei os teus filhos.*

ISAÍAS 49:25

Fomos confrontados, Senhor.
O inimigo agrediu ferozmente minha família e levou meu filho "[cativo] para [cumprir] a sua vontade" (2 TIMÓTEO 2:26).
Ele enviou seus guerreiros ferozes para saquear minha casa e minhas esperanças por meu filho, mas não terá sucesso.
Ele tentou roubar o que pertence *ao Senhor*.
Tu criaste meu filho e eu o entreguei a ti.
Vai atrás do inimigo, Senhor! "[Contendas] com os que contendem" conosco!
Toma de volta o que é Teu por direito!
Certa vez, disseste ao Teu povo: "Salvarei os teus filhos".
Salva meu filho, Pai!
Oro para que ele "[retorne] à sensatez, livrando-se [...] dos laços do diabo" (2 TIMÓTEO 2:26).
Acorda-o no acampamento do inimigo e "[provejas] livramento" (1 CORÍNTIOS 10:13).
Remove as correntes das mãos, dos pés e do coração dele, e deixa-o correr para ti!
A Tua Palavra me diz que "com trevas, perseguirá o Senhor os seus inimigos" e os "consumirá de todo" (NAUM 1:8,9).
Estou contando com isso, Pai. Estou contando contigo!
Peço-te para trazeres de volta meu filho e tudo o que foi roubado de nós.

ORAÇÃO *pelos filhos* PRÓDIGOS

Derruba o inimigo e leva essa questão a um final firme
e definitivo.
Posso ver o meu filho voltando a ti, sustentado por Teus braços
fortes, um cativo "[libertado] do pecado" (ROMANOS 6:18)!
Que ele esteja entre aqueles que escutam a Tua voz e te "seguem".
Tu "lhes [dá] a vida eterna [...] e ninguém as arrebatará da [Sua]
mão" (JOÃO 10:27,28).
Oro para que meu filho seja levado à segurança do Teu amor,
Senhor Jesus.
"Eis aí os ímpios, armam o arco, dispõem a sua flecha na corda,
para, às ocultas, dispararem" (SALMO 11:2).
Mas eu "[embraço] o escudo da fé, com o qual [poderei] apagar
todos os dardos inflamados do maligno" (EFÉSIOS 6:16).
Graças sejam dadas a ti, Pai!
Tu nos concede "a vitória por intermédio de nosso Senhor Jesus
Cristo" (1 CORÍNTIOS 15:57).
Permita que essa vitória chegue à vida de meu filho hoje!

DIA 74

Correndo para Jesus

*Torre forte é o nome do SENHOR,
à qual o justo se acolhe e está seguro.*
PROVÉRBIOS 18:10

"Quão doce soa o nome de Jesus ao ouvido de um cristão! Ela alivia as suas dores, cura as suas feridas e lhe afasta o medo."[1]

Sim! Teu nome é doce para mim, Senhor!

"E não há salvação em nenhum outro; porque abaixo do céu não existe nenhum outro nome, dado entre os homens, pelo qual importa que sejamos salvos" (ATOS 4:12).

Oro pelo Teu nome sobre meu filho hoje, Jesus.

Há poder no Teu nome! Eu clamo sobre tudo para que abençoes meu filho e o atraias a ti.

Oro para que sejas o Maravilhoso Conselheiro (ISAÍAS 9:6) dele, que lhe fale sobre a necessidade que ele tem de ti.

Oro para que sejas o seu "bom pastor", que ele te conheça e ouça a Tua voz (JOÃO 10:11,14,16).

Oro para que Tua "bondade e misericórdia" o sigam todos os dias da vida dele e que ele habite em Tua casa para todo o sempre (SALMO 23:6).

Peço-te que estejas com ele aonde quer que ele for, porque tu és "Emanuel [...] Deus conosco" (MATEUS 1:23).

Tu Senhor, és "o Cordeiro de Deus, que tira o pecado do mundo" (JOÃO 1:29), e eu pedirei a Tua misericórdia para com ele.

Senhor, tu és "a propiciação pelos nossos pecados", nosso "Advogado junto ao Pai" (1 JOÃO 2:1,2).

Tu és "SENHOR, Justiça Nossa" (JEREMIAS 23:6).

Oro para que, algum dia, tu sejas todas essas coisas para meu filho, e muito mais!

Senhor, oro para que ele vá a ti e creia que tu és para ele o "pão da vida" e ele "jamais [tenha] fome" e "jamais [tenha] sede" (JOÃO 6:35).

Tu és "o Autor da vida" (ATOS 3:15). Peço-te um novo começo de vida para ele, no qual tu sejas "o Alfa e o Ômega, o Primeiro e o Último, o Princípio e o Fim" (APOCALIPSE 22:13).

Sê a "brilhante Estrela da manhã" (APOCALIPSE 22:16) que nasce no coração dele (2 PEDRO 1:19)!

Peço-te, Senhor, que sejas "a esperança da glória" (COLOSSENSES 1:27) para ele, vivendo e mostrando-lhe todas as coisas boas de Deus.

Oro para que ele seja fortalecido pela fé em Teu nome, Senhor Jesus (ATOS 3:16)!

O Pai te deu "o nome que está acima de todo nome, para que" ao Teu nome "se dobre todo joelho, nos céus, na terra e debaixo da terra, e toda língua confesse que Jesus Cristo é Senhor" (FILIPENSES 2:9-11).

Senhor Jesus, permite a ele correr e curvar seus joelhos e seu coração a ti.

Peço-te que ele confesse o Teu senhorio, invoque o Teu nome e "[seja] salvo" (ATOS 2:21)!

---

1. Newton, *How Sweet the Name of Jesus Sounds* (O nome de Jesus é suave), Olney Hymns, 58.

DIA 75

Beleza interior

*Não seja o adorno da esposa o que é exterior,
como frisado de cabelos, adereços de ouro, aparato de vestuário;
seja, porém, o homem interior do coração, unido ao
incorruptível trajo de um espírito manso e tranquilo, que é
de grande valor diante de Deus.*

1 PEDRO 3:3,4

Por toda parte ela sente a pressão para ser bonita, Pai.

As revistas e a mídia eletrônica lhe apelam com discursos e promessas, mas a beleza que esses meios vendem é apenas superficial.

As passarelas exibem estilos que brilham durante uma estação e, depois, acabam num brechó.

Até mesmo Salomão, com toda a sua sabedoria, foi "desviado" por rostos bonitos (1 REIS 11:3); por isso, ela precisa de Tua sabedoria, Senhor.

Ajuda-a a ver através da fina camada de pele e chegar ao cerne da questão: "Enganosa é a graça, e vã, a formosura, mas a mulher que teme ao SENHOR, essa será louvada" (PROVÉRBIOS 31:30).

Pai, oro para que desvies os olhos dela do mundo e os coloque em ti.

Então, ela "[verá] e [será] radiante", e seu "coração estremecerá [...] de júbilo" (ISAÍAS 60:5), porque não há felicidade comparável à alegria que tu dás!

Peço-te que lhe dês aquilo que importa muito para ti: o "incorruptível traje de um espírito manso e tranquilo".

Ajuda-a a valorizar o adorno *interior* sobre o "adorno [...] exterior".

Que ela esteja vestida de "força e dignidade" (PROVÉRBIOS 31:25).

Possa a alma dela ser "[calada e sossegada]" quando ela repousar em ti (SALMO 131:2).

Possa a Tua luz e o Teu amor brilharem dentro dos olhos dela, Senhor Jesus, ao habitares no coração dela "pela fé" (EFÉSIOS 3:17).

Que a beleza interior de minha filha seja tão evidente, que se torne a primeira coisa que as pessoas reparem nela.

Que isso seja bênção Tua a fim de atraí-la a ti por meio dessa bênção!

Pai, oro para que tu a protejas contra a "vaidade" sem sentido (ECLESIASTES 11:10) deste mundo, que valoriza extremamente a beleza juvenil.

Faz que ela saiba que é valorizada por ti e que a Tua opinião é mais importante do que qualquer outra.

Dessa maneira, ela saberá que é sempre amada.

Que ela "[afirme] confiantemente: O Senhor é o meu auxílio" (HEBREUS 13:6).

Que ela "[exulte] com alegria indizível e cheia de glória" por estar "obtendo o fim da [sua] fé: a salvação da [sua] alma" (1 PEDRO 1:8,9).

Oro para que minha filha deposite a esperança dela em ti, para que a maravilha de tudo que tu és a torne bonita em todos os sentidos (1 PEDRO 3:5), uma beleza resplandecente, de dentro para fora.

DIA 76

Toda bênção

*Toda boa dádiva e todo dom perfeito são lá do alto,
descendo do Pai das luzes, em quem
não pode existir variação ou sombra de mudança.*
TIAGO 1:17

Como sou abençoado, Pai!
Deste-me "toda sorte de bênção espiritual [...] em Cristo" (EFÉSIOS 1:3).
Toda bênção! Ensina-me a contar essas bênçãos, Senhor, e a ter tanta alegria nelas, que cada vez mais eu coloque meu coração nas "coisas lá do alto" (COLOSSENSES 3:1).
Senhor, obrigado pela garantia que tu concedes de que somos Teus filhos (ROMANOS 8:16).
Obrigado pelo dom do Teu Espírito, que me foi "dado gratuitamente" (1 CORÍNTIOS 2:12).
Jesus, obrigado pela "sublimidade" de conhecer-te, pois tu és a maior de todas as bênçãos (FILIPENSES 3:8)!
"Toda sorte de bênção espiritual"! Eu sou um "herdeiro" de tudo que é bom (GÁLATAS 4:7), mesmo sendo totalmente indigno disso.
Senhor, como és surpreendente por me amares e morreres por mim!
Demonstraste Teu amor por mim quando eras o que havia de mais distante da minha mente (ROMANOS 5:8).
Pai, assim como tiveste misericórdia de mim e me abençoaste mais do que seria possível imaginar, peço Tua misericórdia e bênção para meu filho.

ORAÇÃO *pelos filhos* PRÓDIGOS

Assim como "Isaque abençoou a Jacó e a Esaú, acerca de coisas que ainda estavam para vir" (HEBREUS 11:20), eu te peço bênçãos futuras para meu filho.

Peço que ele seja transformado e tenha a mente renovada para te conhecer e amar-te (ROMANOS 12:2).

Senhor, transforma a mente e o coração dele com os Teus "tesouros da sabedoria e do conhecimento" (COLOSSENSES 2:3) para que ele queira a ti mais do que qualquer outra coisa.

Toca a teimosia dele com o Teu "amor perfeito" que lança fora o medo (1 JOÃO 4:18).

Possa a Tua paz, Senhor, "que excede todo o entendimento" (FILIPENSES 4:7), repousar sobre ele quando ele virar as costas para o mundo e se aproximar de ti.

Sei que tu também queres abençoá-lo, Pai!

Que ele viva de tal maneira que possa ser verdadeiramente abençoado por ti.

"Como um pai se compadece de seus filhos, assim o SENHOR se compadece dos que o temem" (SALMO 103:13).

Obrigado pela bênção da Tua compaixão e amor, Senhor Jesus.

Louvo-te porque tu "[venceste] o mundo" (JOÃO 16:33).

Senhor, tu és "Deus libertador" (SALMO 68:20).

Abençoa-o com a Tua salvação, Senhor, como me abençoaste.

Então, juntos, "de geração em geração proclamaremos os teus louvores "(SALMO 79:13).

DIA 77

De geração em geração

*A tua fidelidade estende-se
de geração em geração.*
SALMO 119:90

Senhor, obrigado por seres sempre fiel.
Louvo-te pela promessa do Teu amor inabalável: "Os montes se retirarão, e os outeiros serão removidos; mas a minha misericórdia não se apartará de ti" (ISAÍAS 54:10).
"Ó Senhor Deus, tu mesmo és Deus, e as tuas palavras são verdade" (2 SAMUEL 7:28).
"Para sempre, ó Senhor, está firmada a tua palavra no céu" (SALMO 119:89).
É para as gerações futuras que peço a Tua ajuda, Pai, começando por minha filha.
Quando olho para o rumo que o mundo está tomando, sou lembrado de que "enganoso é o coração, mais do que todas as coisas, e desesperadamente corrupto" (JEREMIAS 17:9).
Mas tu és "o Senhor, que [...] sara" (ÊXODO 15:26)!
Assim, como os pais que levaram seus filhos a ti, peço-te que a toques, Senhor Jesus (MATEUS 19:13).
Ela não está tão próxima do Senhor quanto precisa estar; por isso, peço-te que uses as situações da vida dela neste momento para que ela retorne a ti.
Coloca pessoas Tuas no caminho dela, Pai, e faze-a ser atraída por elas de maneiras que minha filha seja incapaz de explicar.
Senhor, que ela veja as "coincidências" e compreenda que são muito mais do que isso, porque tu estás agindo para conquistar o seu coração.

Que ela veja o Teu mover onde quer que vá, porque "a terra está cheia" do Teu amor infalível (SALMO 33:5).
Oro para que ela não seja mais prisioneira do pecado (ATOS 8:23), mas que entregue livre e apaixonadamente o seu coração a ti.
Ao pensar no seu futuro, Pai, eu também gostaria de orar pelo homem por quem ela, algum dia, se apaixonará e com o qual se casará.
Senhor, peço-te que estejas agindo também na vida dele, para salvá-lo e lhe mostrares o Teu caminho.
Oro para que o casamento deles seja estabelecido no Teu amor incondicional e para que tu sejas acolhido no lar deles em todos os sentidos.
Oro também por todos os filhos que quiseres lhes dar, e por netos, bisnetos e seus descendentes, para que "da boca de pequeninos e crianças de peito" tires o "perfeito louvor" (MATEUS 21:16).
Louvo-te, Pai, porque "coisa alguma te é demasiadamente maravilhosa" (JEREMIAS 32:17).
Senhor, por seres fiel de geração em geração, tu és totalmente capaz de responder a esta oração, e eu te louvo pelo que farás!

Notas:

SEMANA 12

Tudo é possível

Quando ele [o espírito mudo] viu a Jesus, o espírito imediatamente o agitou com violência, e, caindo ele por terra, revolvia-se espumando. Perguntou Jesus ao pai do menino: Há quanto tempo isto lhe sucede? Desde a infância, respondeu; e muitas vezes o tem lançado no fogo e na água, para o matar; mas, se tu podes alguma coisa, tem compaixão de nós e ajuda-nos. Ao que lhe respondeu Jesus: Se podes! Tudo é possível ao que crê. E imediatamente o pai do menino exclamou com lágrimas: Eu creio! Ajuda-me na minha falta de fé!

MARCOS 9:20-24

"Se tu podes alguma coisa...".

Essas palavras não eram exatamente repletas de esperança. O homem que as disse a Jesus havia tentado tudo que conseguira pensar para ajudar seu filho. Nem mesmo os discípulos de Jesus tinham sido capazes de ajudar o menino (MARCOS 9:18).

Jesus responde rapidamente: "Se podes! Tudo é possível ao que crê."

Imediatamente, o homem exclama: "Eu creio! Ajuda-me na minha falta de fé!"

Amo essa oração. Encontrei-me repetindo-a mais de uma vez.

Quando você é pai de um filho pródigo, vê sua fé ser desafiada de muitas maneiras. Às vezes, seu filho desafia o que você crê. Outras vezes, você pode se encontrar em luta quando respostas a oração não vêm tão rapidamente quanto você esperava.

É reconfortante ver que Jesus não repreendeu o pai por seu pedido de ajuda apesar de sua incredulidade. Ele respondeu ao pedido com uma ação. Jesus exerceu a Sua autoridade espiritual e mandou o demônio deixar o filho daquele homem (MARCOS 9:25).

No momento antes de Jesus falar para libertar o menino, a fé do pai não havia mudado. Ele ainda tinha seus questionamentos e duvidava que algo pudesse ser feito. Foi honesto acerca de suas lutas e falta de fé, e Jesus respondeu àquela transparência com bondade.

Até mesmo a menor quantidade de fé colocada nas mãos de Jesus pode mover montanhas (MATEUS 17:20). Precisamos entregar ao Senhor não somente a situação que nos pesa tão fortemente, mas também nós mesmos.

Mais tarde, os discípulos de Jesus "lhe perguntaram em particular: Por que não pudemos nós expulsá-lo?" Jesus respondeu: "Esta casta não pode sair senão por meio de oração" (MARCOS 9:28,29). Anteriormente, os discípulos haviam recebido "autoridade sobre os espíritos imundos" (MARCOS 6:7). Jesus os enviou e eles "expeliam muitos demônios e curavam numerosos enfermos, ungindo-os com óleo" (MARCOS 6:13). Então, por que eles não conseguiram fazê-lo dessa vez?

A resposta está na pergunta deles. Jesus disse que, sem o Pai, Ele nada poderia fazer (JOÃO 5:30). Mas os discípulos perguntaram: "Por que não pudemos nós expulsá-lo?" O foco deles não estava mais na autoridade de Deus e em Sua capacidade de responder a oração, mas neles mesmos.

Às vezes, oramos após ter tentado de tudo e nada parece ter funcionado. A resposta de Jesus mostra que, em vez disso, precisamos fazer de nossa oração nosso "primeiro recurso", não o último.[1] Então descobriremos que o Seu poder "se aperfeiçoa na fraqueza" (2 CORÍNTIOS 12:9).

Quando, por fé, tomamos posse de Jesus, buscando-o e não apenas o que Ele pode fazer por nós, Ele assume o nosso controle e nos eleva a novos lugares da graça. Quando abrimos mão do controle e ansiamos por Sua autoridade sobre a nossa vida e a vida de nossos filhos, dependendo dele com uma nova entrega em oração, descobrimos a esperança de que "tudo é possível ao que crê."

Podemos ter nossos questionamentos e lutas, mas isso não muda quem Jesus é. Podemos "lançar sobre ele toda a [nossa] ansiedade, porque ele tem cuidado de" nós (1 PEDRO 5:7). Suas palavras ao pai que lutava naquele dia são as mesmas aos pais de filhos pródigos hoje: "Tragam o menino aqui" (MARCOS 9:19 NTLH).

Temos de orar com nossos olhos em Deus, não nas dificuldades.
OSWALD CHAMBERS

---

1. Banks, *Lost Art of Praying Together* (A arte perdida de orar juntos), 24.

DIA 78

Um Leão maior

Sede sóbrios e vigilantes.
O diabo, vosso adversário, anda em derredor, como
leão que ruge procurando alguém para devorar.

1 PEDRO 5:8

Eu vejo pegadas de leão, Senhor. Logo atrás dele.
As pegadas já estão perto há certo tempo. Perto demais.
Meu filho tem andado no território do inimigo e está em perigo.
Ele está sendo perseguido a cada passo que dá, mas não percebe.
Ajuda-o, Pai! "Senhor, só tu" o fazes "repousar seguro" (SALMO 4:8).
Senhor, oro para que o protejas.
Faze-o olhar ao redor da estrada em que se encontra e ver que ela
 não leva a lugar algum.
Peço-te, Senhor, que o faças voltar, para que os pés dele não
 "[corram] para o mal" (PROVÉRBIOS 1:16).
Oro para que ele "[se aparte] do mal e [pratique] o que é bom", e
 "[procure] a paz" contigo (SALMO 34:14).
Salva-o, Pai! "[Livra-o] depressa" (SALMO 31:2).
Mesmo que o inimigo o persiga, peço-te que tu, "o Leão da tribo
 de Judá", sejas ainda mais rápido (APOCALIPSE 5:5).
Permite Teu amor tomá-lo e protegê-lo a cada passo que ele der.
"A tua salvação espero, ó Senhor" (GÊNESIS 49:18).
Oro, Senhor, para que, quando o inimigo atacar meu filho, tu
 "[pelejes] por" ele diante dos "olhos" dele (DEUTERONÔMIO 1:30).
Senhor, louvo-te porque, contigo ao lado, meu filho enfrenta um
 inimigo derrotado.

No momento em que o livrares, que ele possa te ouvir falando
à sua alma: "Eu sou o Senhor, e não há outro; além de mim
não há Deus; eu te cingirei, ainda que não me conheces"
(ISAÍAS 45:5).

Pai, em Tua Palavra dizes que "[guiarás] os cegos por um caminho
que não conhecem, [...] por veredas desconhecidas" tu os
farás andar; tu "[tornarás] as trevas em luz perante eles e os
caminhos escabrosos, planos" (ISAÍAS 42:16).

Senhor, meu filho precisa de ti para guiá-lo por esse caminho.
Para sair das trevas e entrar na "luz perpétua" da Tua presença,
para que terminem os seus "dias de luto" (ISAÍAS 60:20).

Quem anda "na luz da tua presença" é abençoado (SALMO 89:15), e
eu quero que meu filho conheça a Tua bênção!

"Vem, Senhor Jesus" (APOCALIPSE 22:20), vem logo para concederes a
meu filho a graça de que ele necessita.

Entra na vida dele de uma maneira nova e poderosa, para que ele
entregue o seu coração a ti!

DIA 79

Longa vida sobre a Terra

Filhos, obedecei a vossos pais no Senhor, pois isto é justo. Honra a teu pai e a tua mãe (que é o primeiro mandamento com promessa, para que te vá bem, e sejas de longa vida sobre a terra).

EFÉSIOS 6:1-3

Pai, peço-te que ajudes minha filha a viver de maneira tal que ela possa ser abençoada.

Senhor, tu prometes que aqueles que "[honram]" seu pai e sua mãe serão abençoados: tudo lhes "[irá] bem" e eles terão "longa vida sobre a terra".

Neste momento, ela está lutando com honrar seus pais. Ela pensa que a obediência a levará a uma ausência de vida, em vez de a uma vida melhor.

Obrigado, Pai, pelo lembrete de que os filhos devem obedecer aos seus pais "no Senhor".

Senhor, eu não estou à altura da tarefa de ser pai sem ti! "Outro bem não possuo, senão a ti somente" (SALMO 16:2).

Louvo-te porque, contigo, terei tudo de que necessito, não só para enfrentar os desafios da paternidade de uma filha que está se rebelando, mas também para superar esses desafios.

A Tua Palavra me dá esta certeza: "Quem é o que vence o mundo, senão aquele que crê ser Jesus o Filho de Deus?" (1 JOÃO 5:5).

Senhor, eu *creio* em ti. E te agradeço porque tu nos farás superar este momento.

Oro para que ajudes minha filha a aprender a obedecer, mesmo quando não for fácil.

Ajuda-a a ver que obediência não significa que ela é fraca. Ao contrário, ela é um sinal de força de caráter.

Senhor, oro para que me ajudes a obedecer-te também.
Obedecer-te é a melhor maneira de demonstrar que te amo,
 porque "este é o amor de Deus: que guardemos os seus
 mandamentos" (1 JOÃO 5:3).
Pai, oro para que minha filha também seja obediente a ti, para
 que ela seja bem-aventurada em todos os sentidos (JOÃO 13:17).
Senhor, que ela te ame e te siga!
Concede-lhe o discernimento para ver que, quando anda nos
 caminhos do mundo, ela está simplesmente se conformando
 ao mundo e obedecendo-o, e não há liberdade ou
 originalidade nisso.
Dê-lhe graça para compreender que "importa obedecer a Deus" e
 não "aos homens" (ATOS 5:29).
Somente através de ti ela poderá descobrir a verdadeira
 identidade, tudo para o qual, com singularidade, tu a criaste.
Concede graça também a mim, Pai, para aqueles momentos em
 que encaro minha filha e nossas vontades se chocam.
Oro para que a Tua vontade seja feita (MATEUS 26:42) plena e
 livremente na vida dela e na minha, porque aqueles que
 fizerem a Tua vontade "[permanecerão] eternamente"
 (1 JOÃO 2:17)!

DIA 80

Sentado no tribunal

Se observares, Senhor, iniquidades, quem, Senhor, subsistirá?
Contigo, porém, está o perdão, para que te temam.
SALMO 130:3,4

Meu filho está em apuros, Senhor, e precisa da Tua ajuda.
Ele está enfrentando circunstâncias muito maiores do que ele e ainda não compreende as consequências dos seus atos.
Porém, tu o amas e essa é a minha maior esperança.
Apego-me à Tua Palavra: "Mas Deus prova o seu próprio amor para conosco pelo fato de ter Cristo morrido por nós, sendo nós ainda pecadores" (ROMANOS 5:8).
Tu viste esta situação chegando e, ainda assim, o amaste com o maior amor imaginável (JOÃO 15:13).
Ele precisa disso neste momento. Mais do que qualquer advogado, ele precisa que tu sejas o advogado dele (JÓ 16:19).
"Converta-se ao Senhor, que se compadecerá dele, e volte-se para o nosso Deus, porque é rico em perdoar" (ISAÍAS 55:7).
Mais do que qualquer outra coisa, é da Tua misericórdia que ele necessita.
Não apenas para aquilo de que ele é acusado, mas para o seu coração e alma.
Senhor, usa isso. Usa esta experiência para transformar o coração dele a fim de que possas "usar de misericórdia para com" ele (ROMANOS 11:32).
Que a Tua bondade o "[conduza] ao arrependimento" (ROMANOS 2:4).
Que a "tristeza segundo Deus" que "produz arrependimento para a salvação [e] a ninguém traz pesar" volte o coração dele inteiramente a ti (2 CORÍNTIOS 7:10).

ORAÇÃO *pelos filhos* PRÓDIGOS

Tudo em mim deseja ajudá-lo, mas não tenho essa capacidade.
Eu sei que a melhor ajuda que posso dar a meu filho é levar ao Senhor, em oração, ele e tudo que se refere a esta situação.
Oro para que, quando estivermos sentados na sala do tribunal, não tenhamos medo, porque tu vais conosco e "não [nos] deixarás, nem [nos] desampararás" (DEUTERONÔMIO 31:6).
Oro para que, quando estiver diante do juiz, meu filho seja lembrado de que "todos compareceremos perante o tribunal de Deus" (ROMANOS 14:10).
Senhor, peço-te que meu filho seja respeitoso e responda sabiamente, dizendo apenas o que tu queres que ele diga (PROVÉRBIOS 16:1).
Oro para que ele "esteja sujeito às autoridades superiores" e não se rebele de maneira alguma (ROMANOS 13:1,2).
Senhor, oro também pelo juiz, para que tu dês a ele "a sabedoria [...] lá do alto" (TIAGO 3:17) e que ele seja "ministro de Deus" para o bem de meu filho (ROMANOS 13:4).
Oro para que te movas no coração do juiz para realizar os Teus propósitos, e que a misericórdia triunfe "sobre o juízo" (TIAGO 2:13).
Oro tudo isso no forte nome de Jesus, que foi acusado em meu lugar (MATEUS 27:12) para que eu possa ser livre (JOÃO 8:36).

DIA 81

Deveria, teria, poderia

Ah! Se tivesses dado ouvidos aos meus mandamentos!
Então, seria a tua paz como um rio,
e a tua justiça, como as ondas do mar.
ISAÍAS 48:18

Senhor, sei que um dia minha filha terá seus arrependimentos.
Gostaria de antecipar esta oração a esse momento.
Algum dia, ela olhará para trás em sua vida e desejará que tivesse feito as coisas de maneira diferente.
Ela se arrependerá das dificuldades que ocorreram entre nós e sentirá dor em seu coração, devido ao amor recíproco que nos deste.
Senhor, peço-te que, neste dia, a acalmes com o Teu amor, porque és o único "que nos conforta em toda a nossa tribulação" (2 CORÍNTIOS 1:4).
Oro para que ela conheça a Tua presença e a paz que só tu podes dar aos que te têm como Senhor e Salvador.
Senhor, peço-te que "[fales] ao coração" dela e digas "que a sua iniquidade está perdoada" (ISAÍAS 40:2).
Obrigado, Pai, por podermos levar todos os nossos "deverias, terias e poderias" a ti e encontrar cura e esperança.
Oro, Senhor, para que a faças abandonar o caminho que leva apenas ao lamento e aproximes o coração dela de ti.
Louvo-te, Senhor Jesus, porque contigo novos começos são possíveis todos os dias.
Senhor, contigo podemos "prosseguir para o alvo" do céu e da esperança (FILIPENSES 3:14)!
Não precisamos ter saudade dos "meses passados" (JÓ 29:2), porque tu estás sempre conosco.

Tens até mesmo o futuro totalmente sob Teu controle.
Senhor, não precisamos temer o amanhã, pois tu já estás lá! Deténs o tempo em Tuas mãos.
Senhor, tu "[lavas-me] completamente da minha iniquidade e [purificas-me] do meu pecado" (SALMO 51:2).
Oro para que a Tua graça alcance a minha filha da mesma maneira, para que ela possa dar as costas ao passado e olhar para ti com confiança.
Que ela te ouça dizer: "Não vos lembreis das coisas passadas, nem considereis as antigas" (ISAÍAS 43:18).
Oro para que ela se arrependa dos seus pecados e saiba que está completamente perdoada.
Em Tua Palavra prometes: "Se alguém está em Cristo, é nova criatura; as coisas antigas já passaram; eis que se fizeram novas" (2 CORÍNTIOS 5:17).
Senhor, oro para que ela "[folgue] e [exulte] perpetuamente" naquilo que criaste (ISAÍAS 65:18), que tu sejas a alegria dela, e ela, a Tua.

DIA 82

Tudo que ela sempre quis

O efeito da justiça será paz, e o fruto da justiça, repouso e segurança, para sempre. ISAÍAS 32:17

Se minha filha andar com o Senhor, Pai, isso mudará tudo.
Ela "[terá] paz" em ti (JOÃO 16:33), porque tu és "a nossa paz" (EFÉSIOS 2:14).
Ela terá todas as bênçãos de que necessita, porque, na Tua graça, jamais tiras os Teus olhos "dos justos" (JÓ 36:7).
Que vida plena e bela tu planejaste para ela, Senhor!
Pai, oro para que minha filha ouça os sussurros do Teu Espírito Santo dizendo-lhe: "Em vos converterdes e em sossegardes, está a vossa salvação; na tranquilidade e na confiança, a vossa força" (ISAÍAS 30:15).
Que ela se arrependa dos seus pecados e encontre paz em ti!
Porque "não há justo, nem um sequer" (ROMANOS 3:10), oro pela retidão que só tu podes dar, que é "justiça, e paz, e alegria no Espírito Santo" (ROMANOS 14:17).
Traja-a com "vestes de salvação" (ISAÍAS 61:10), porque "todas as nossas justiças [são] como trapo da imundícia" (ISAÍAS 64:6).
Senhor, se ela te pedir sabedoria, tu "a todos dá liberalmente e nada lhes impropera" (TIAGO 1:5).
Oro para que ela peça e "[receba]", a fim de que alegria dela "seja completa" (JOÃO 16:24).
Senhor, tu és a completa alegria! Por favor, ajuda-a a fazer essa descoberta.
Então ela encontrará, em tudo que o Senhor é, tudo que ela sempre quis.
Oro para que ela atinja a "plenitude da bênção de Cristo" (ROMANOS 15:29) e se torne uma bênção para os outros!

Se ela se achegar a ti e permanecer em ti, "[dará] muito fruto"
 (JOÃO 15:5).
Peço-te também que ela seja frutífera conduzindo outros a ti.
Possa ela "[dar] fruto [que] permaneça" (JOÃO 15:16) e "na velhice
 [dê] ainda frutos" (SALMO 92:14).
Que ela compartilhe com confiança, a todos os que quiserem
 ouvir, a história do que fizeste por ela, Senhor!
Mas, primeiro, que ela descubra "a suprema grandeza do seu
 poder para com os que cremos" (EFÉSIOS 1:19).
Ó Pai, que hoje seja o dia!

DIA 83

Deus em tudo

*Sabemos que todas as coisas cooperam para o bem
daqueles que amam a Deus, daqueles
que são chamados segundo o seu propósito.*
ROMANOS 8:28

Pai, fico surpreso como tu nada desperdiças.
És soberano sobre cada experiência da vida.
Senhor, tu usas tudo — os momentos felizes e os de partir o coração — para trazer o bem que somente tu podes conceder.
Quando olho retrospectivamente para minha vida junto a minha filha, Senhor, penso em como eu imaginava que seria muito diferente.
Não esperava os desafios que temos enfrentado juntos e sei que ela não assume a responsabilidade por todos eles.
Senhor, sei que eu também cometi erros.
Obrigado por Tua misericórdia e graça que nos encontram exatamente onde estamos.
Ela precisa disso para abrir os olhos e transformar as trevas dela em luz (ATOS 26:18).
Eu preciso dela para me lembrar de Teu "amor eterno" (JEREMIAS 31:3) e de que, mesmo que eu tropece, "se cair, não [ficarei] prostrado", porque tu me seguras pela mão (SALMO 37:24).
Louvo-te, Senhor, pelas misericórdias inesperadas ao longo do caminho — coisas boas que eu não esperava e eram, claramente, vindas de Tua mão.
Quão verdadeiro é que "as [Tuas] misericórdias não têm fim; renovam-se cada manhã" (LAMENTAÇÕES 3:22,23).

ORAÇÃO *pelos filhos* PRÓDIGOS

Pai, obrigado por Tua misericórdia renovada que nos alcança todos os dias!

Obrigado pelas "supremas riquezas" de Tua graça que nos mostras em Tua "bondade para conosco, em Cristo Jesus" (EFÉSIOS 2:7).

Há dias bons à frente quando nos voltamos a ti. Ajuda-nos a fazê-lo, Senhor!

Em Tua Palavra tu prometes que "no temor do SENHOR, tem o homem forte amparo, e isso é refúgio para os seus filhos" (PROVÉRBIOS 14:26).

Minha filha precisa do Teu refúgio, Senhor, e do "recôndito da tua presença" para mantê-la segura (SALMO 31:20).

"Tu, Senhor, és bom e compassivo; abundante em benignidade para com todos os que te invocam" (SALMO 86:5).

Pai, clamo a ti, porque a Tua "grandeza é insondável" (SALMO 145:3).

Jesus, clamo a ti, porque "[venceste] o mundo" (JOÃO 16:33).

Espírito Santo, clamo a ti, porque perscrutas "até mesmo as profundezas de Deus" (1 CORÍNTIOS 2:10).

Somente tu podes nos conduzir em segurança em meio à tempestade.

Senhor, quão fiel são às Tuas promessas, e quão amoroso és para conosco (SALMO 145:13)!

Declaro a Tua Palavra hoje: "Busquei o SENHOR, e ele me acolheu; livrou-me de todos os meus temores" (SALMO 34:4).

Senhor, te louvo porque tu és Deus que abençoas "todos os que [te] invocam" (ROMANOS 10:12)!

DIA 84

Torrente de delícias

Como é preciosa, ó Deus, a tua benignidade!
Por isso, os filhos dos homens se acolhem
à sombra das tuas asas. Fartam-se da abundância da tua casa,
e na torrente das tuas delícias lhes dás de beber.

SALMO 36:7,8

Uma "torrente das tuas delícias". Que belo pensamento!
Mostra a meu filho o caminho para essa torrente, Senhor.
Faze-o mergulhar de cabeça e descobrir "qual é a largura, e o
 comprimento, e a altura, e a profundidade" do amor de Cristo
 (EFÉSIOS 3:18,19)!
Posso vê-lo nadando nela, tendo no rosto uma imagem de alegria.
Que ele beba da sua água doce e refrescante, e "nunca mais
 [tenha] sede" (JOÃO 4:14).
Senhor, oro para que satisfaças todos os anseios da alma dele.
Tu és a verdadeira fonte de toda delícia, "a fonte das águas vivas"
 (JEREMIAS 17:13).
"Toda boa dádiva e todo dom perfeito" vêm de ti (TIAGO 1:17)!
Senhor, tu dizes em Tua Palavra: "Aquele que tem sede venha, e
 quem quiser receba de graça a água da vida" (APOCALIPSE 22:17).
Tu prometes que, "a quem tem sede", darás "de graça da fonte da
 água da vida" (APOCALIPSE 21:6).
Ele está com sede, Senhor. Mas neste momento não entende que
 somente tu podes saciar a sua sede.
Peço-te que ele entenda e, quanto antes, melhor.
Bom Pastor, peço-te que conduzas meu filho às límpidas
 "águas de descanso" de Tua paz e, ali, restaures a sua alma
 (SALMO 23:2,3).
Ele nadou no esgoto do diabo por tempo suficiente.

Lava-o e ele "[ficará] limpo" (SALMO 51:7).

Assim como és "poderoso para guardar o meu depósito" para ti (2 TIMÓTEO 1:12), agarra-o pela mão e arranca-o da correnteza mortal e imunda do mundo.

Salva-o, Senhor! Sopra nele o fôlego da vida eterna.

Mostra-lhe a pessoa bela e pura que tu intentas que ele seja, cheio do Teu Espírito e do Teu amor.

Que a Tua retidão corra "como um ribeiro perene", Salvador (AMÓS 5:24)!

Eu te louvo pelo "rio da água da vida, brilhante como cristal, que sai do trono de Deus e do Cordeiro" (APOCALIPSE 22:1).

Que ele seja tomado pela Tua água da vida e levado a novos lugares de graça.

Então, ele mostrará também a outros o caminho para o ribeiro, porque "do seu interior fluirão rios de água viva" (JOÃO 7:38).

E, juntos, nadaremos na Tua alegria eternamente!

Notas:

SEMANA 13

O tempo de Deus

*Jesus [...] disse ao chefe da sinagoga:
Não temas, crê somente.*

MARCOS 5:36

Às vezes, Deus não nos dá o que estamos pedindo, para que possa nos dar o que realmente queremos.

Foi o que aconteceu a Mônica. Durante mais de nove anos, ela orou para que seu filho Agostinho se entregasse a Cristo. Orava com tal paixão, que um bispo de sua cidade lhe disse: "Não é possível que pereça o filho de tantas lágrimas."[1]

Porém, enquanto Mônica orava, seu filho se afastava cada vez mais de Deus. Quando ela soube que ele queria deixar seu lar no norte da África e navegar para Roma, o centro do vício e da corrupção naqueles tempos, ela ficou perturbada e o seguiu até o porto onde o navio aguardava.

Então, ele a enganou.

Agostinho lhe disse que não poderia sair até que um amigo estivesse pronto para navegar. Ele sugeriu que, naquela noite, ela descansasse um pouco numa capela ao lado do porto. Enquanto ela dormia, ele partiu. Ela procurou no porto na manhã seguinte e descobriu que o navio havia zarpado e, com ele, seu filho, *exatamente o que ela estava orando para que não acontecesse.*

Mas era em Roma que Agostinho entregaria seu coração a Deus. Sua vida seria transformada para sempre e Deus usaria a fé desse homem para inspirar gerações a crerem em Jesus.

Mais tarde, Agostinho recordou, em seu livro *Confissões*, a noite em que deixou sua mãe: "Soprou o vento, enfunou nossas velas, e logo desvaneceu de nosso olhar a praia, onde de manhã cedo minha mãe, louca de dor, enchia de queixas e de prantos teus ouvidos insensíveis." Ele conclui com perspicácia: "Mas tu, de visão infinitamente mais ampla, entendendo o intuito de seu desejo, não atendeste ao que ela então te pedia, para fazer em mim aquilo que sempre te pedia."[2]

Quando acontece exatamente aquilo que você está orando para não acontecer, é fácil ficar desanimado.

Tenho de imaginar como Jairo se sentiu. Ele foi a Jesus e "prostrou-se a seus pés e insistentemente lhe suplicou: Minha filhinha está à morte; vem, impõe as mãos sobre ela, para que seja salva, e viverá". Enquanto eles estavam a caminho da casa de Jairo, uma mulher cronicamente doente se esgueirou no meio da multidão e tocou o Senhor. "Jesus, reconhecendo imediatamente que dele saíra poder, virando-se no meio da multidão, perguntou: Quem me tocou nas vestes?"

Se eu fosse Jairo, ficaria pensando: "Minha filha está *morrendo* e você está parando no meio da *multidão* para fazer uma pergunta como essa?" Até mesmo os discípulos lhe perguntaram: "Vês que a multidão te aperta e dizes: Quem me tocou?"

Jesus não somente parou, como *continuou esperando*. "Ele, porém, olhava ao redor para ver quem fizera isto. Então, a mulher, atemorizada e tremendo, cônscia do que nela se operara, veio, prostrou-se diante dele e declarou-lhe toda a verdade."

Para Jairo, isso significava mais demora. Então, os homens de sua casa apareceram e, pouco compassivos, lhe disseram: "Tua filha já morreu; por que ainda incomodas o Mestre?".

Jesus ignorou. Ele disse a Jairo: "Não temas, crê somente".

Você sabe como a história termina. Jesus foi à casa de Jairo e os enlutados riram dele. Ele os mandou saírem e trouxe a menina de volta à vida (MARCOS 5:22-43).

ORAÇÃO *pelos filhos* PRÓDIGOS

Orar por um pródigo ampliará a sua fé. O que pode ajudar nos momentos particularmente difíceis é lembrar-se de que o tempo de Deus raramente é o nosso tempo. As coisas podem parecer ir de mal a pior, mas Ele tem total autoridade sobre a situação. Quando a esperança parece estar perdida, isso só significa que Deus ainda não terminou.

Às vezes, imaginamos por que continuamos orando. Nesses momentos, é bom lembrar-se de que a cruel e risonha voz da dúvida nunca tem a última palavra. Essa palavra pertence a Deus. Jesus se move em Seu próprio ritmo e nunca se atrasa. Seu conselho a um pai preocupado muitos anos atrás nos fala ainda hoje: "Não temas, crê somente".

Deus é fiel e responderá às nossas orações em Seu tempo e sabedoria perfeitos. Sua Palavra nos lembra de que os Seus caminhos e pensamentos são "mais altos" do que os nossos (ISAÍAS 55:9). Ele nunca está afobado ou atrasado, e nada pode impedi-lo de cumprir os Seus propósitos. Embora possamos não ser capazes de vê-lo chegando, isso não significa que Ele não está prestes a aparecer de uma maneira vivificadora que muda tudo para melhor. Ao dobrar a esquina poderemos encontrar a graça que Deus planejou o tempo todo.

A alegre descoberta de Jairo e Mônica também pertence a nós. A esperança não está perdida. Ela só está fazendo outro caminho.

Ao lidar com um Deus onipotente e onisciente, eu,
como mero mortal, preciso apresentar as minhas petições não
somente com persistência, mas também com paciência.
Algum dia eu saberei por quê. RUTH BELL GRAHAM

---

1. Agostinho, *Confissões*, Livro terceiro, Capítulo XII
2. Ibid., Livro quinto, Capítulo VIII

DIA 85

Os que estão conosco

Ele [Elias] respondeu: Não temas, porque mais são os que estão conosco do que os que estão com eles. Orou Eliseu e disse: SENHOR, peço-te que lhe abras os olhos para que veja. O SENHOR abriu os olhos do moço, e ele viu que o monte estava cheio de cavalos e carros de fogo, em redor de Eliseu.
2 REIS 6:16,17

Quando tento compreender tudo que tu és, fico simplesmente assombrado.
A Tua Palavra fala sobre "incontáveis hostes de anjos" em torno de ti (HEBREUS 12:22).
A respeito de nossos filhos, tu disseste que "seus anjos nos céus veem incessantemente" a face do Pai (MATEUS 18:10).
Como tu és maravilhoso!
"Que é o homem, que dele te lembres?" (SALMO 8:4).
Senhor, tu és "glorificado em santidade, terrível em feitos gloriosos, que operas maravilhas" (ÊXODO 15:11).
É bom ter isso sempre em mente. Às vezes, parece que meu filho e eu estamos enfrentando coisas que parecem ser muito maiores do que nós.
Os tempos em que vivemos, a cultura, a mídia — tudo isso afeta nossa vida de maneiras que estão além do nosso controle.
Porém, eu te louvo porque tu podes!
Agradeço-te porque, algum dia, todo joelho se dobrará, "nos céus, na terra e debaixo da terra, e toda língua [confessará] que Jesus Cristo é Senhor" (FILIPENSES 2:10,11).
Tu és Senhor de todos os desafios que enfrentamos, e tudo na história está caminhando em Tua direção, "Juiz de toda a terra" (GÊNESIS 18:25)!

ORAÇÃO *pelos filhos* PRÓDIGOS

Senhor Jesus, eu te agradeço porque "tribulação, ou angústia, ou perseguição, ou fome, ou nudez, ou perigo, ou espada" não "nos separará" do Teu amor (ROMANOS 8:35).
Senhor, meu filho precisa do Teu amor e precisa te conhecer.
Neste momento, ele está encantado com "o curso deste mundo" (EFÉSIOS 2:2), que está "passando" (1 CORÍNTIOS 7:31).
"SENHOR, peço-te que lhe abras os olhos para que veja".
Assim como abriste os olhos do servo de Eliseu, oro para que ajudes meu filho a ver que "não há entre os deuses semelhante a ti, Senhor" (SALMO 86:8).
Concede-lhe graça para compreender que ele deseja estar do Teu lado, porque "mais são os que estão conosco do que os que estão com eles".
Algum dia, tu levarás toda a história a um final.
Oro para que ambos estejamos prontos no dia em que tu voltares, Senhor Jesus!
Então, "[esperaremos] novos céus e nova terra, nos quais habita justiça" (2 PEDRO 3:13), onde "a terra se encherá do conhecimento do SENHOR, como as águas cobrem o mar" (ISAÍAS 11:9).

DIA 86

Por força para amar

Quem nos separará do amor de Cristo?
Será tribulação, ou angústia, ou perseguição,
ou fome, ou nudez, ou perigo, ou espada?
ROMANOS 8:35

"Eu te amo, ó Senhor, força minha" (SALMO 18:1).

Eu te amo porque tu me "[concedeste] gratuitamente" a Tua graça (EFÉSIOS 1:6).

Tu me amaste "antes da fundação do mundo" (EFÉSIOS 1:4).

Quando eu estava totalmente perdido e "[morto] em [meus] delitos", Senhor, tu me amaste e me deste vida (EFÉSIOS 2:4,5).

Ó Senhor, tu és amor (1 JOÃO 4:16)! "A tua graça é melhor do que a vida" (SALMO 63:3).

Teu "amor" me "constrange" (2 CORÍNTIOS 5:14). Quero viver no Teu amor, Senhor.

Acima de toda virtude, quero que em mim "esteja o amor" (COLOSSENSES 3:14).

Quero viver com fé, esperança e amor, "porém o maior destes é o amor" (1 CORÍNTIOS 13:13).

"O amor jamais acaba" (1 CORÍNTIOS 13:8).

Desejo que os outros percebam o Teu amor em mim antes mesmo de eu dizer uma palavra.

Especialmente meu filho.

Meu filho é um presente e uma bênção Tua. Eu o amo muito, Pai!

Porém, tu o amas ainda mais do que eu.

O Teu amor é perfeito! O Teu amor é "de eternidade a eternidade" (SALMO 103:17).

Ele precisa muito do Teu amor.

Senhor, ama por meu intermédio! Permite Teu amor fluir através de mim para atraí-lo a ti.

Eu sei o que o amor é, porque tu o mostraste a mim pela maneira como tu "entregaste" a Tua vida e me amaste tão sacrificialmente (1 JOÃO 3:16).

Pai, concede-me graça para amar como tu amas.

Peço-te força para amar meu filho quando isso não é fácil.

Ajuda-me a amá-lo o suficiente para ser paciente com ele, porque "o amor é paciente" (1 CORÍNTIOS 13:4).

Ajuda-me a falar "a verdade em amor" (EFÉSIOS 4:15) e compartilhar com ele a Tua palavra.

Quando ele fizer algo errado, ajuda-me a amá-lo o suficiente para disciplina-lo, "porque o Senhor corrige a quem ama" (HEBREUS 12:6).

Quando ele fizer algo certo, permite-me ser o primeiro a elogiá-lo, porque o amor "regozija-se com a verdade" (1 CORÍNTIOS 13:6).

Pai, tu és "longânimo e grande em misericórdia [e] perdoa a iniquidade e a transgressão" (NÚMEROS 14:18).

Quero amar meu filho assim, com um amor que "tudo sofre, tudo crê, tudo espera, tudo suporta" (1 CORÍNTIOS 13:7).

Escolho amar, Pai, assim como tu escolheste me amar.

Enche-me de novo com o Teu Espírito, para que eu possa fazer tudo "com amor" (1 CORÍNTIOS 16:14).

Senhor, faz meu amor por ti e por meu filho "crescer e aumentar" (1 TESSALONICENSES 3:12), para que, algum dia, ele possa te louvar por isso e amar-te com todo o seu coração, alma, entendimento e força (MARCOS 12:30).

DIA 87

Esconderijo

*Tu és o meu esconderijo;
tu me preservas da tribulação e me cercas
de alegres cantos de livramento.*

SALMO 32:7

Lembro-me de quando costumávamos brincar de esconde-esconde. Nós nos divertíamos muito!
Minha filha amava ser encontrada. Eu a tomava em meus braços, a abraçava e nós dois ríamos juntos.
Senhor, tenho em minha mente essa imagem de ti.
Tu tomavas as crianças em Teus braços e "as abençoava" (MARCOS 10:16).
Peço-te que faças isso mais uma vez, por minha filha.
Tu és o Bom Pastor, que "entre os seus braços recolherá os cordeirinhos e os levará no seio" (ISAÍAS 40:11).
Senhor, ela precisa do Teu toque (LUCAS 18:15).
Ela precisa que tu a tomes pela mão e a conduzas "pelas veredas da justiça por amor do seu nome" (SALMO 23:3).
Quando minha filha era pequena, ela tentava se esconder cobrindo os olhos, como se aquilo fosse o suficiente.
Isso não é diferente do que ela está tentando fazer agora, Pai, embora tu vejas "todos os seus passos" (JÓ 34:21).
Lembro-me das vezes em que tentei me esconder de ti, mas em Tua bondade, tu me fizeste entender: "Para onde me ausentarei do teu Espírito? Para onde fugirei da tua face?" (SALMO 139:7).
Em toda a criação, nada está oculto da Tua visão (HEBREUS 4:13).

ORAÇÃO *pelos filhos* PRÓDIGOS

Senhor, oro para que abras os olhos dela, para que ela possa "[saber] qual é a esperança" para a qual tu a chamaste (EFÉSIOS 1:18).

Oro para que ela não fuja mais *de* ti, e sim que corra *para* ti, porque tu tens libertado o coração dela (SALMO 119:32).

Pai, oro para que sejas o "esconderijo" dela.

Então, tu a protegerás contra problemas e a cercarás com "cantos de livramento" (SALMO 32:7), assim como fizeste comigo.

Que ela possa "buscar refúgio" sob as Tuas asas (RUTE 2:12) e ouvir a voz mansa e suave do Teu Espírito em um "cicio tranquilo e suave" dizendo que ela é amada (1 REIS 19:12).

Faz "resplandecer o teu rosto" sobre ela, querido Senhor, para restaurar e salvá-la em todos os sentidos (SALMO 80:3).

Então, ela "[se deleitará] no Todo-Poderoso e [levantará] o rosto" para ti (JÓ 22:26). O rosto dela resplandecerá com a Tua luz e com o Teu amor, porque aqueles que olham para ti são "iluminados, e o [seu] rosto jamais sofrerá vexame" (SALMO 34:5).

DIA 88

Sempre presente

*E eis que estou convosco
todos os dias até à consumação do século.*
MATEUS 28:20

"Eu sempre podia contar com ele" é uma das melhores coisas que pode ser dita a respeito de um pai.

Oro para que, algum dia, minha filha diga isso de mim, Pai.

Eu te agradeço e te louvo por poder dizer isso de ti!

Onde quer que eu vá, o Teu maravilhoso Espírito vai comigo: "Se subo aos céus, lá estás; se faço a minha cama no mais profundo abismo, lá estás também" (SALMO 139:8).

Eu nunca estou sozinho! Senhor, tu te aproximas de mim em Tua bondade e me abençoas com a "tua presença para sempre" (SALMO 41:12).

Se eu fosse para o outro lado do mundo ou mesmo para a região mais profunda do espaço, "ainda lá me haverá de guiar a tua mão, e a tua destra me susterá" (SALMO 139:10).

O que poderia ser mais importante do que simplesmente estar contigo? De que eu poderia necessitar além de ti (SALMO 73:25)?

"Uma coisa peço ao SENHOR" (SALMO 27:4).

Assim como sou abençoado por saber que estás sempre comigo e que, algum dia, estarei contigo, anseio que minha filha também te ame.

A Tua Palavra diz que "os filhos dos teus servos habitarão seguros, e diante de ti se estabelecerá a sua descendência" (SALMO 102:28).

"SENHOR, deveras sou teu servo" (SALMO 116:6) por Tua bondade e graça!

Oro para que minha filha viva em Tua presença no céu e no reino vindouro, primeiramente vindo a ter fé em ti nesta Terra.

ORAÇÃO *pelos filhos* PRÓDIGOS

Que ela possa saber, em seu coração, que o nosso amor por
ela, por mais forte que seja, empalidece quando comparado
ao Teu!

Todo o amor vem de ti. A Tua Palavra até afirma: "Se meu pai
e minha mãe me desampararem, o Senhor me acolherá"
(SALMO 27:10)!

Obrigado por estenderes Teus braços a ela, Senhor Jesus.

Senhor, que não haja dúvida de que ela te recebeu, para que tu
possas recebê-la para sempre.

"A todos quantos o receberam, deu-lhes o poder de serem feitos
filhos de Deus, a saber, aos que creem no seu nome" (JOÃO 1:12).

Oro para que esse direito seja dela, Pai, e eu a entrego a ti
novamente hoje.

Ela é minha filha, mas quero que ela seja Tua também, assim
como tu *me* fizeste Teu filho por meio da Tua incrível
misericórdia em Jesus.

DIA 89

Ele é Teu e eu também sou

Então, disse Maria: Aqui está a serva do Senhor; que se cumpra em mim conforme a tua palavra. E o anjo se ausentou dela.
LUCAS 1:38

A resposta de Maria foi surpreendente, Pai.
Após o anjo lhe dar uma notícia que viraria sua vida de cabeça para baixo, ela simplesmente disse: "Aqui está a serva do Senhor."
Ela não perguntou "O que José dirá quando descobrir que estou grávida?", ou, "O que as pessoas pensarão?"
Ela simplesmente entregou-se e a seu filho a ti.
Quero fazer o mesmo, Pai.
Eu sei que ele está melhor em Tuas mãos do que nas minhas.
Porém, não é fácil. Ele é *meu* filho, mas também *Teu presente*.
Porque eu o amo, quero protegê-lo. Quero protegê-lo contra dores e males.
O pensamento de abrir mão dele de algum modo aflige minha alma.
Lembro-me do que Simeão disse a Maria: "Uma espada traspassará a tua própria alma" (LUCAS 2:35).
Não consigo imaginar pelo que Maria passou ao ver seu próprio filho crucificado.
Mas *tu* passaste pela mesma situação, Pai! Ele era também Teu filho.
É exatamente isso o que me dá esperança e me faz saber que é seguro entregar meu filho a ti: "Aquele que não poupou o seu próprio Filho, antes, por todos nós o entregou, porventura, não nos dará graciosamente com ele todas as coisas?"
(ROMANOS 8:32).

ORAÇÃO *pelos filhos* PRÓDIGOS

Perdoe-me por ser possessivo, Senhor.
Como posso não te dar o meu filho quando tu me deste o Teu?
Então, oro com Teu Filho, meu Salvador: "Não se faça a minha vontade, e sim a tua", Pai (LUCAS 22:42).
Coloco meu filho em Tuas mãos. Ele precisa de ti mais do que de qualquer outra coisa.
Porque tu "nos [darás] graciosamente [...] todas as coisas" (ROMANOS 8:32), peço-te que lhe concedas graça para te receber, a fim de que ele seja "tomado de toda a plenitude de Deus" (EFÉSIOS 3:19).
Peço-te para que ele "[considere] tudo como perda, por causa da sublimidade do conhecimento de Cristo Jesus" (FILIPENSES 3:8).
Tu mesmo disseste: "Que aproveita ao homem ganhar o mundo inteiro e perder a sua alma?" (MARCOS 8:36).
Obrigado, Pai, pela paz que vem quando curvo não apenas minha cabeça, mas também meu coração a ti.
Em meu coração, eu "[santifico] a Cristo, como Senhor" (1 PEDRO 3:15) e te agradeço pela bênção que virá.

DIA 90

Eu creio

Andamos por fé e não pelo que vemos.
2 CORÍNTIOS 5:7

Eu creio, Pai.
Creio que tu queres que eu ore por minha filha porque minhas orações farão uma profunda diferença para o bem na vida dela.
Senhor, creio que a deste a mim por uma razão que tem mais a ver com a Tua visão para a eternidade dela do que com os meus desejos para ela nesta Terra.
Creio que tu desejas que eu me "[esforce] sobremaneira [...] nas orações" por ela (COLOSSENSES 4:12), para que, por meio da oração, as coisas mudem para melhor.
Não importa como a situação pareça agora ou o que as outras pessoas possam dizer, independentemente do que a convencional sabedoria terrena possa prever para o futuro dela, eu crerei em *ti*.
Buscar-te-ei acima de todos os outros, porque "tu tens as palavras da vida eterna" (JOÃO 6:68).
Viverei "por fé e não pelo que [vejo]", e sempre me agarrarei à esperança.
"A esperança não confunde", porque tu derramaste o Teu amor "em nosso coração pelo Espírito Santo", o qual tu nos deste (ROMANOS 5:5).
Como Jacó lutando, "não te deixarei ir se me não abençoares" (GÊNESIS 32:26); eu te louvo porque tu nunca me deixarás ir, pois tu disseste: "De maneira alguma te deixarei, nunca jamais te abandonarei" (HEBREUS 13:5).

ORAÇÃO *pelos filhos* PRÓDIGOS

Perseverarei por minha filha, oração após oração, até ela perceber o quanto tu a amas.

Quero que minha filha ame a ti, Senhor, e creio que, algum dia, ela o fará — plena, livre e alegremente.

Creio, Senhor, porque a Tua Palavra me diz que "sem fé é impossível [te] agradar", pois aquele que se achega a ti deve crer que tu existes e que te tornas galardoador dos que te buscam (HEBREUS 11:6).

Senhor, creio que tu me recompensarás ao buscar-te com todo o meu coração, e que tu abençoarás minha filha quando ela se voltar a ti.

Creio, Senhor, que o futuro que tu tens guardado para ela é lindo, repleto de "graça e paz" (1 PEDRO 1:2).

Creio porque, em Tua grande misericórdia, tu me "[regeneraste] para uma viva esperança, mediante a ressurreição de Jesus Cristo dentre os mortos" (1 PEDRO 1:3).

Jesus, por seres a "esperança da glória" (COLOSSENSES 1:27), e estares em mim, minha esperança viverá sempre: hoje, amanhã e eternamente!

Notas:

CONCLUSÃO

A oração move a mão que move o mundo.

E. M. BOUNDS

William não tinha tempo para apreciar a fé cristã de sua mãe. Embora ela lhe falasse frequentemente acerca de Jesus e ele frequentemente a pegasse orando pela salvação dele, William continuava seguindo o seu próprio caminho.

Antes de morrer, ela lhe deu uma Bíblia.

Ele a vendeu quando precisou de um dinheiro extra.

Ainda assim, William era o que você poderia chamar de um pródigo "bem-sucedido". Ele se formou na faculdade de medicina e começou a trabalhar como médico em um hospital.

Certo dia, foi-lhe trazido um homem que havia sofrido um grave acidente no trabalho. William fez o melhor que pôde para ajudá-lo, mas estava claro que o homem logo morreria em decorrência de seus ferimentos. William lhe deu a notícia da melhor maneira que pôde.

O homem tinha dois pedidos. Ele pediu para ver sua senhoria, para poder pagar o aluguel, e solicitou que ela lhe trouxesse a sua Bíblia.

Nos dias que se seguiram, ele manteve a Bíblia próxima. Lia-a o máximo que conseguia. Quando já não tinha mais força para segurá-la, ele a manteve sob os cobertores. Morreu pouco tempo depois.

Após sua morte, uma enfermeira estava limpando seu quarto e encontrou a Bíblia. "O que faremos com isto?", perguntou ela a William, entregando-a a ele.

As palavras do próprio William contam o que aconteceu a seguir:

"Peguei a Bíblia e — eu não podia acreditar no que via?

Era a minha própria Bíblia! A Bíblia que minha mãe havia me dado quando eu saí da casa de meus pais e que, mais tarde, quando precisei de dinheiro, vendi por uma pequena quantia. Meu nome ainda estava nela, escrito a mão por minha mãe...

Com um profundo sentimento de vergonha, olhei para... o precioso livro. Ele havia dado conforto e refrigério ao pobre homem em suas últimas horas. Fora-lhe um guia para a vida eterna, para que ele fosse capacitado para poder morrer em paz e felicidade. E esse livro, o último presente de minha mãe, eu havia vendido por um preço ridículo...

É suficiente dizer que recuperar a posse da minha Bíblia foi a causa de minha conversão."[1]

A mãe de William nunca viu suas orações pelo filho serem respondidas na Terra, mas as viu serem respondidas no céu. Por meio de suas orações e fé, Deus a usou para alcançar seu filho anos depois da vida dela neste mundo ter terminado. Ela depositou sua confiança no Senhor, e Ele se mostrou fiel. Afinal, Ele é Aquele que prometeu: "Neste mundo, passais por aflições; mas tende bom ânimo; eu venci o mundo" (JOÃO 16:33).

"Tende bom ânimo!" Precisamos ouvir essas palavras de Jesus repetidamente.

Jesus as disse frequentemente.

Ao inclinar-se sobre um jovem acometido de paralisia, ele lhe disse: "Tem bom ânimo, filho..." (MATEUS 9:2).

Quando uma mulher cronicamente doente estendeu a mão para tocar seu manto, ele sussurrou: "Tem bom ânimo, filha..." (MATEUS 9:22).

Deus ouve nossas orações por nossos filhos e filhas pródigos e se mostrará fiel. Mesmo quando os desafios parecem intransponíveis, podemos ter bom ânimo, porque Ele tem o mundo em Suas mãos. Mesmo quando as respostas às nossas orações parecem demorar a chegar, elas estão a caminho.

Isso nos leva de volta a William.

O Dr. William P. Mackay finalmente deixou a medicina e se tornou um ministro da Palavra de Deus. O Senhor o usou para inspirar muitas pessoas por intermédio de seus livros e hinos. Seu hino mais conhecido, *Louvor* (CC 135), mostra um coração apaixonado e fiel repleto de amor contagiante por seu Criador:

> *Louvamos-te ó Deus, pelo Espírito luz;*
> *Que nos tira das trevas e a Cristo conduz.*
> *Aleluia toda a glória, te rendemos sem fim,*
> *Aleluia Tua graça, imploramos, amém!*

Tenho a sensação de que, quando ele escreveu essas palavras, sua mãe devia estar sorrindo.

---

1. Citado em Morgan, *Then Sings My Soul* (Então a minha alma canta), 147.

FONTES

AGOSTINHO, Aurélio. *Confissões*. Rio de Janeiro: Editora Vozes, 2002.

BANKS, James. *The Lost Art of Praying Together* (A arte perdida de orar juntos). Grand Rapids: Discovery House, 2009.

BOUNDS, Edward McKendree. *The Complete Works of E. M. Bounds on Prayer* (A obra completa de E. M. Bounds sobre a oração). Grand Rapids: Baker, 1990.

CHAMBERS, Oswald. *Prayer, A Holy Occupation* (Uma ocupação sagrada). Grand Rapids: Discovery House, 1992.

CHESTERON, Gilbert Keith. *Orthodoxy* (Ortodoxia). Garden City, NY: Image Books, 1959.

CYMBALA, Jim. *Fresh Faith* (Fé renovada). Grand Rapids: Zondervan, 1999.

_____. *Fresh Wind, Fresh Fire* (Vento renovado, fogo renovado), São Paulo: Editora Vida, 2002.

FABER, Frederick William. *Growth in Holiness* (Crescer em santidade). Baltimore: John Murphy and Company, 1855.

GRAHAM, Ruth Bell. *Prodigals and Those Who Love Them* (Os pródigos e aqueles que os amam). Grand Rapids: Baker, 1999.

MORGAN, Robert J. *Moments for Families with Prodigals* (Momentos para as famílias com os pródigos). Colorado Springs, CO: Navpress, 2003.

_____. *Then Sings My Soul* (Então a minha alma canta). Nashville: Thomas Nelson, 2003.

NEWTON, John e COWPER, William. *Olney Hymns* (Hinos Olney). London: W. Oliver, 1797.

PASCAL, Blaise. *Pensamentos*, seção IV, número 277, disponível em: http://www.ebooksbrasil.org/eLibris/pascal.html

PRIME, Samuel. *The Power of Prayer* (O poder da oração). Edinburgh, Scotland: The Banner of Truth Trust, 1991.

SPURGEON, Charles Haddon. *The C. H. Spurgeon Collection* (A coleção de C. H. Spurgeon). Rio, WI: Ages Software, 1998–2001.

ÍNDICE TEMÁTICO

Abuso de substâncias.................................dia 41
Amigos ....dia 33
Amor ....dia 86
Ansiedade...dia 4; dia 45
Atitude ....dia 32
Beleza interior ....dia 75
Bênção..dia 76; dia 82; dia 84
Confissão de fé ....dia 90
Consequências ....dia 8
Coração..dia 30; dia 72
Deus, Seu poder ....dia 3;
    Suas promessas ....dia 26;
    Sua soberania.....................................dia 83
Dificuldades legais....................................dia 80
Discernimento..dia 57;
    escolhas na mídia..............................dia 38
Encorajamento ....dia 1
Entregando os filhos a Deus ....dia 89
Escolhas ....dia 54
Escritura...dia 51
Fé, reacendida ....Dia 59
Fracasso ....dia 2
Futuro...dia 17; dia 53; dia 68;
    dia da salvação ....dia 69;
    gerações...dia 77;
    planos ....dia 11; dia 71;
    arrependimentos................................dia 81;
    cônjuge ....dia 55
Graça ....dia 25
Honestidade..dia 37
Honrar os pais..dia 79

Imoralidade sexual ....dia 40
Inimigo, o..dia 73
Intercessão ....dia 9
Ira ....dia 5; dia 43
Jesus, poder do Seu nome ....dia 74
Lar, distante do lar......................................dia 47;
    não chegou ao lar..............................dia 50
Livramento..dia 6;
    da tentação e do pecado....................dia 16;
    do inferno..dia 29
Louvor ....dia 7; dia 20; dia 21;
                                        dia 48; dia 63; dia 65;
                                        dia 70; dia 85; dia 87;
    por anjos..dia 62;
    por bênção..dia 28;
    por ajuda sempre presente .... dia 49; dia 88;
    por inocência......................................dia 34;
    por oração.. dia 13; dia 14;
    por pequenas vitórias.........................dia 42;
    por força...dia 56;
    de ação de graças ....dia 27;
    por compreensão ....dia 35
Manipulação..dia 44
Medo ....dia 23
Oportunidade..dia 15
Paciência ....dia 66
Pecado(s), habitual ....dia 36;
    dos pais..dia 64
Perdão...dia 18; dia 22
Perseverança...dia 67
Poder transformador ....dia 10
Profanidade ....dia 39
Proteção ....dia 60; dia 78

Rejeição...dia 46
Restauração...dia 12
Salvação ....dia 31; dia 58; dia 61
Segunda chance..dia 19
Serviço ....dia 24
Vergonha...dia 52